1分間で「人前が苦手」がなくなる技術

Technique
to overcome
"the public"
in one minute

石井貴士
TAKASHI ISHII

きずな出版

はじめに――

「人前が苦手」がなくなれば、人生は変わる

「昔から、私は人前が苦手なんです……」

「人前が苦手だ」という方は、とても多いです。

きっと本書を手に取ったあなたも、その1人なのではないでしょうか。

多くの方が、「自分は人前が苦手だ」と、勝手に思い込んでしまっています。

そんな中、

「人前が苦手だというのは、あなたの思い込みにしか過ぎない。1分間で人前が平気になる」

と言われたら、どうでしょう。

「何を言っているんだ。私は生まれつき、人前に出ると顔が赤くなってしまうんだ。

1分間で引っ込み思案な性格がなおるはずがない」
「人前だと緊張してしまって話せない。これぱっかりは子どものころから、どうしようもないんだ」

そう反論したくなる気持ちはわかります。

何十年も抱いてきたコンプレックスが、そんなに簡単に解消できるはずがないと、言いたくもなるでしょう。

想像してみてください。

人前に出ても顔が赤くならず、緊張しないのが当たり前だったとしたら、どうでしょう。

それならば、あなたの人生の可能性は、ぐっと広がっていたのではないでしょうか。

人生に遅すぎるということはありません。

いまからでも、「人前が苦手」はなくせるのです。

「人前が苦手」は、先天的な性格ではなく、後天的にそうなってしまっただけ

「人前が苦手だ」というのは、生まれつきの性格ではありません。

「人前が苦手だ」という赤ちゃんは、いないからです。

人前に出ると赤面してしまうという赤ちゃんはいませんし、人前に出ると頭が真っ白になってしまうという赤ちゃんもいません。

私たちは幼稚園くらいのときから、だんだんと人の目を気にするようになり、いつの間にか「私は人前が苦手だ。人前に出るべきではない」と、考えを固めてしまったというわけなのです。

ならば、「人前が苦手である」というプログラム（概念）を、後天的に削除していけばいいだけです。

パソコンにたとえると、わかりやすいです。

「人前が苦手」というプログラムをアンインストールして、「人前が得意」というプログラムをインストールすればいいのです。

「人前が苦手」というプログラムは、全人類共通にプリインストールされているものではありません。

いつの間にか、あなたがインストールしてしまったプログラムです。

ならば、いまから削除すればいいだけです。

この本を通じて、あなたは「人前が苦手」というプログラムを削除して、ゴミ箱に入れることができるはずです。

そしてその次に、「人前が得意」というプログラムをダウンロードして、インストールすることができるのです。

「人前が苦手」よりも、「人前が得意」のほうが、人生においてはメリットがある

人は誰しも、デメリットを避け、メリットを求めます。

100万円を失うよりは、100万円をゲットすることを選びます。

あなたがいま「人前が苦手」なのは、幼少期から、「人前に出るのは損だ。人前に出ないほうが得だ」という場面に、何度も出くわしてきたからということです。

・人前で話をしたら、下手だったので、恥をかいた
・「お前は不細工だな。人前に出ないほうがいい」と、ひどいことを言われた
・人前に出たら緊張して、何を話していいかわからず、モゴモゴして笑われた
・小学生のときに、大勢の前で話す機会があったが、緊張でおもらしをしてしまった

・大勢の前で挨拶をして、顔が真っ赤になり、緊張のあまり倒れてしまった

そういった経験が積み重なれば、「人前には出ないほうがいい」と、脳が判断することになります。

逆に……

・生徒会長に立候補して、大勢の前で話したらモテモテになった
・バンドを組んで、みんなの前で演奏したら、拍手喝さいを浴びた
・大勢の前で、自分の作品を宣伝したら、多くの人に買ってもらえた
・人前に出たおかげで、有名になり、お金持ちになることができた
・人前に出たら、自分が会いたいと思っていた人が向こうから声をかけてくれた

こういった体験が積み重なれば、「人前に出たくて仕方がない」と、脳が判断することになります。

人前に出るときのデメリットを減らし、メリットを増やす。

そうすると、「人前が苦手」という思い込みが、「人前が得意」へと変わっていくのです。

想像してください。

人前に出ただけで、あなたがどれだけルックスに自信がなかったとしてもモテモテになり、お金持ちにもなれて、人生において成功できるとしたら、どうでしょう。

それならば絶対に「人前に出たい」と思えるはずです。「人前に出ない」というのは、それだけで人生において、大いなる損害を被《こうむ》っています。

小学校の学芸会でも、

「人前が苦手なので、私は裏方で構いません」

と言った経験のある方は、多いのではないでしょうか。

「私は主役ではなく、照明係、音響係がいいんだ。だって、人前に出たくないから」

と言って、消極的な理由で、裏方にばかり立候補をしていた方も多いのではないでしょうか。

ですが、もし人前が大好きだったら？

人前に立ちたくて、うずうずしていたら？

もしそうであれば、あなたの人生は、いまごろまったく別のものに変わっていたのではないでしょうか。

「生まれつき、人前は苦手なんです。だから主役は誰かに任せて、私は光が当たらない日陰で生きていければ、それでいいんです」

という方は多いです。

ですが、「人前が得意」だというスキルは、先天的なものではなく、「後天的なスキル」です。

資格試験と同じように、学びさえすれば、いまからでも、どんな人であれ、あとから身につけられるスキルなのです。

「人前が苦手」から、プロのアナウンサーになった

「人前で話すスキルなんて、どうやって身につけたらいいんだ。想像がつかない」

という方もいるでしょう。

かくいう私自身、人前は苦手でした。

小学校低学年のとき、学芸会の「猿かに合戦」で猿の役をやったことと、小学校高学年の学芸会で、〝ドロボウC〟の役をやったことくらいしかありません。

ドロボウCは、ドロボウA、ドロボウBよりも格下の役でした。

しかも、セリフは、たったのひと言だけ。

「オイ、待てコラー！」

というセリフだったのを、いまでも覚えています。

なぜ、警察役ではなくドロボウ役なのに、「オイ、待てコラー！」だったのかは、思い出せません（ドロボウDを追いかける役どころだったのかもしれません）。

中学・高校時代も勉強ばかりしていて、なるべく人前にも出ず、友達もつくらずにいました。

その後、大学に合格し、バラ色のサークル生活が待っているかと思いきや、引っ込み思案な性格は変わらず、なかなか女の子とも話せないという状態でした。

人前が苦手な性格が改善される兆《きざ》しは、まったくありませんでした。

そんな折、大学2年生のクリスマスの日に、大好きだった逸見政孝《いつみまさたか》アナウンサーが亡くなったというニュースを、テレビで観ました。

私は、逸見さんの死をきっかけに、

「私も多くの人を勇気づけられる存在になりたい。逸見さんのようになるんだ」

と、突然アナウンサーを目指すことに決めました。

人前が苦手な私がアナウンサーを目指すのですから、周囲の目は冷ややかでした。

大学の先輩からは、

「石井がアナウンサーだって？　石井はアナウンサー以外だったらなれると思うぞ。だってアナウンサーは話すのが得意な奴がなるんだろう？　じゃあ石井には無理じゃないか」

と言われました。

母親からも、

「バカも休み休み言いなさい。あなた人前に出たことあるの？　ないでしょ？　人としゃべったことがあるの？　ほとんどないでしょ？　あなたがアナウンサーになんて、なれるはずがないじゃないの」

と、当たり前のように言われました。

小さいころからずっと私を見てきた母親が、適性はゼロと言うのですから、ごもっともだとしか言いようがありません。

でも、やると決めたのです。

すぐさまアナウンス学校のパンフレットを取り寄せ、アナウンス学校を3校もかけもちしました。

家でも原稿読みトレーニングばかりの毎日になりました。

就職試験では、北海道から沖縄まで、募集をしているすべての局のアナウンサー試験を受けることになりました。

もちろん、話すことが苦手だったのですから、一次試験で落ちてばかりでした。

しかし、あきらめずに試験を受け続けていたところ、なんと27社目で内定が決まりました。

350人が受験して内定者は1人。それが自分でした。

「なぜ、石井がアナウンサーになれたのか？　不思議でならない」

という方もいるでしょう。

理由は、私が内定したテレビ局が、作文審査で350人から40人までに絞り込み、筆記試験で8人前後に絞り込む、という試験内容だったからです。

作文は、こうして作家になっているくらい得意で、筆記試験は代々木ゼミナール模試全国1位という実績があったわけです。

その他のアナウンサー志望者に、私が作文と筆記試験で負けるはずはありません。

アナウンサー試験にもかかわらず、しゃべる試験がほとんどなく、作文と筆記試験が重視されるテレビ局が、偶然にも存在したのです。

「そうは言っても、それだけ話せなかったら、落ちるのでは？」

と思うかもしれません。

ですが、偶然にも、女性の志望者は、全員がほかの局に内定が決まってしまったらしく、最終面接の当日、試験会場に現れたのは、男性の志望者3人だけでした。

1人は、すでにほかの局に内定が決まっていました。

もう1人は、ルックスもよく、しゃべりもうまい、同じ慶應義塾大学の学生です。

比較されたら、どう考えても私は負けます。

そんな中、なんと彼は、プロレス研究会に所属していたことが理由で落ちたのです。

というのも、すでにその局には、プロレスが好きな先輩アナウンサーがいたので、「プロレス好きは、同じアナウンス部に2人も必要ない」ということで、消去法で私が最後の1人に残ったのです。

あきらめなければ夢は必ずかなう。その言葉をかみしめました。

しゃべりが下手だったにもかかわらず、偶然にも、作文と筆記試験が得意だったために8人までに残り、ほかのアナウンサー志望者が当日試験会場に現れず、自分より優秀な学生が消去法で落ち、アナウンサーになれたというのが実際のところです。

26社からはノーを突きつけられましたが、27社目で本当にアナウンサーになることができたのです。

なぜ、新人アナウンサーは、たった3ヵ月の研修で、人前で話すプロになれるのか？

「さあ、アナウンサーになったぞ。しゃべりのプロだ！」

と思ったのはいいものの、話が下手で、人前に出たこともほとんどありません。

入社したら、即プロのアナウンサーとしての実力が備《そな》わっているのかというと、そういうわけではありません。

新人アナウンサー研修は、3ヵ月間あります。

新人アナウンサー研修のプログラムというのは、テレビ局が設立されて50年以上、ずっとおこなわれているものです。

3月31日まで普通の学生だった人たちを、3ヵ月で「しゃべりのプロ」に生まれ変わらせるのが、新人アナウンサー研修です。

日本テレビ系列、TBS系列、フジテレビ系列、テレビ朝日系列などで、やることはそれぞれ少し違うかもしれませんが、たいていは同じようなトレーニングをおこなうことで、「しゃべりのプロ」へと生まれ変わっていきます。

もちろん、プロの中でも上手なプロもいれば、下手なプロもいるでしょう。ですが、一応、人前に立つことが苦にならなくなり、最低限のしゃべりは3ヵ月でできるようになるというのが、新人アナウンサー研修です。

そこで、私は仮説を立てました。

「新人アナウンサー研修は、日本全国のテレビ局に内定した100人前後しか、毎年受けることができない。であれば、普通の人や、人前で話せないで悩んでいる人に、

同じ新人アナウンサー研修をしたら、誰でも人前が得意になるのではないか？」

と考えたのです。

そこで実際に「3ヵ月の新人アナウンサー研修を3日に凝縮する」というコンセプトのセミナーを開催したところ、参加者全員が「人前が苦手」から「人前が得意」に生まれ変わったのです。

仮説は正しいと証明されました。

つまり、

〝普通の大学生↓3ヵ月の新人アナウンサー研修↓プロのアナウンサー〟

という流れを、

〝人前が苦手な人↓3日間の新人アナウンサー研修↓人前が得意な人〟

に置き換えることが、可能だということなのです。

もともと人前が苦手だった私が、消去法で残ってアナウンサーになり、新人アナウンサー研修を経て、プロのアナウンサーとして活動しました。

あなたは、人前が苦手だと、いままでは思い込んでいたかもしれません。

違います。

新人アナウンサー研修を受けたことがなかった。ただそれだけが理由で、人前が苦手だったのです。

以前、ホストクラブの店長さんにお会いすることがありました。

「ホスト志望者は、普通の奴ばかりだ。だが、モテモテにならないと、仕事にならない。だから、1ヵ月の新人ホスト研修を経て、1ヵ月でモテ男になってもらうんだ」

と言っていました。

そのホストクラブの店長さんに、

「1ヵ月の新人ホスト研修を、1日に凝縮したセミナーを開催してください！」

とお願いして、弊社の男性会員さん向けに研修をしていただいたことがあります。

モテない男性ばかりが、わらにもすがる思いで集まってくださったのですが、全員が1日でかなりの自信をつけてレベルアップしたのを、いまでも覚えています。

ホストにも1ヵ月の研修があり、アナウンサーにも3ヵ月の研修があります。

ホストはモテないと仕事にならず、アナウンサーもしゃべれなければ仕事になりません。そのために、業界ごとに、新人研修があるというわけです。

ならば、あなたも新人アナウンサー研修を受けることができれば、「人前が苦手」という弱点は、一気に吹き飛んでしまう可能性があります。

新人アナウンサー研修は、何百倍という倍率をくぐり抜けた、選ばれた人しか受けることはできません。

ですが、50年以上の歴史がある、「人前で話せない人が話せるようになるメソッド」は存在し、あなたはそれを学ぶだけで、「人前が得意」になるのです。

この本は、あなたへの新人アナウンサー研修です。

この本を読むことで、あなたは自分の中の「人前が苦手」というプログラムを削除して、「人前が得意」というプログラムを手に入れることができるのです。

石井貴士

目次

第一章

緊張は、未然に防げる

第二章

「人前が苦手!」その7つの思い込み

第五章 なぜ、発声練習だけで「人前が苦手」がなくなるのか？

第六章

「人前が得意」になる発声トレーニング法

第七章

シチュエーション別「人前が苦手」への特効薬

おわりに――

「人前が苦手」は、後天的に「人前が得意」に変えられる

ブックデザイン　池上幸一

序章

緊張のメカニズムを知る

どうして緊張してしまうのでしょうか

あなたも緊張しない人になれる

「人前に出ると、緊張してしまうんです」

と言う人がいます。

「では、人はどういうときに緊張するか知っていますか?」

と聞くと、ほとんどの人は知りません。

「生まれつき、人前は緊張するんです」と、生まれつきのせいにしていたら、進歩はありません。この世に1人でも、「人前でも緊張しない」という人が存在する以上、人前でも緊張しない方法は存在するのです。

緊張とは、「心や体が張りつめた状態」のことを指します。

対義語は、「リラックス」です。

「心や体がゆるんだ状態」のことを指します。

「人前に出たら、緊張するんです」というのは、言い換えれば「人前に出たら、心が張りつめて、体もコチコチになってしまうんです」ということになります。

ならば、人前に出ても、心がリラックスして、体もリラックスできる状態になれば、あなたは「人前でも緊張しない自分」を手に入れることができるようになります。

あなたが目指すゴールは、「人前に出たときに、心も体もリラックスしている状態になっている」ということなのです。

「緊張したくない」と思えば思うほど、緊張する

潜在意識は、否定形を認識できません。

「右を見てはいけない」と言われたら、右を見てしまいますし、「下を見るな」と言

われたら、下を見てしまいます。

「緊張したくない。絶対に緊張しないぞ」と思えば思うほど、体はガチガチになって、考えていることは頭の中から飛んで行ってしまうというわけです。

つまり、緊張に意識を向けるのではなく、ほかのことに意識を向けると、緊張はなくなります。

「目の前に美人がいる。緊張する」という状態があるとします。

ですが、その美人が、突然発作を起こして倒れたら、あなたはどうしますか？

「大丈夫ですか！　救急車を呼ばなきゃ！」

と、大声で叫んでいるはずです。

あなたは、緊張とはほど遠い状態になるはずです。

そう、緊張する以上に優先順位が高いことがあれば、緊張しなくなるのです。

緊張するというのは、「緊張すること」が優先順位第1位になっているということです。ならば、ほかのことが優先順位第1位になれば、緊張しなくなります。

緊張したくないと思えば、潜在意識は否定形を認識できないので、「緊張すること」が優先順位第1位になります。

「人前に出たときには、こうすればいい」ということを優先順位第1位にしておけば、緊張することはなくなるのです。

緊張が悪なのではない。緊張してパニックになることが悪なのだ

「緊張したので、頭が真っ白になって、うまく話せなかった」

「緊張してしまったせいで、試験で合格点が取れなかった」

この文脈は、一見すると正しいように思えます。

ですが、間違っています。

なぜかというと、緊張が原因で、よくない結果になったと言っているからです。

正確に言えば、こうです。

「緊張してパニックになったせいで、頭が真っ白になって、うまく話せなかった」

「緊張してパニックになったせいで、試験で合格点が取れなかった」

①　緊張する
②　心も体もコチコチに固まる
③　パニックになる
④　何をやっても悪い結果が生じる

という順番で、最終結果が悪くなるのです。

緊張は悪者ではありません。

緊張によって生じた「パニック」こそが、あなたの敵なのです。

「パニックに陥《おちい》ったらどうするか？」という対策が立ててあれば、あなたは緊張しても、へっちゃらな人になれるのです。

「緊張したから、失敗した」は間違えている

正しくは……

1 緊張する

↓

2 心も体もコチコチに固まる

↓

3 パニックになる → これが問題!

↓

4 悪い結果が生じる

エルビス・プレスリーは、「緊張」を「あの瞬間」と言い換えた

歌手のエルビス・プレスリーは、コンサートの前になると極度に緊張したそうです。

そこで彼は、「緊張」という言葉を使うのをやめました。

その代わり、「あの瞬間」という言葉を使ったのです。

コンサートが始まる前、ステージに上がるときに体がゾワゾワッとすることを、「あの瞬間」と言うように変えました。

そうして、「緊張＝イヤなもの」ではなく、「緊張＝コンサート前のあの瞬間」と置き換えたのです。

「コンサート前なのに、緊張してしまったら困る」と考えるのではなく、「今日のコンサート前にも、あの瞬間は訪れるだろうか。よし、来た！　来たぞ！」と「あの瞬

間」を待ちわびるようになるわけです。

緊張をネガティブなものとして受けとめないためには、「あの瞬間」と言い換えるだけでよかったのです。

人前は「緊張する場」ではなく、「お得な場」でしかない

エルビス・プレスリーの言う「あの瞬間」を、私は「お得タイム」と呼ぶようにしていました。

人前で話したら、お得です。

テレビの15秒CMは、ゴールデンタイムでは1000万円以上の価値があります。

そんな中、アナウンサーは、会社員としての給料をもらって、テレビに出ることができます。

そう考えたらアナウンサーは、自分で広告宣伝費用を払わずに、お金をいただいて、自分の存在を世間に広めることができるという職業です。

あらゆる職業に比べて、もっともお得な職業がアナウンサーだと考えたのです。

普通の人が選挙に出ようとしても、ゼロから知名度を上げるのは大変ですが、アナウンサーになってから選挙に出れば、知名度がある状態で選挙戦に挑めます。

どう考えても、お得としか言いようがありません。

講演をしたら、テレビに出ている人だというだけで、ありがたがって聞いていただけて講演料がもらえるわけですから、お得です。

もし、大勢の前で、「私が販売している商品です」と宣伝すれば、広告宣伝費ゼロで、誰かが買ってくれる可能性もあります。

人前に出るということは、無料でできる行為で、なおかつお得な行為なのです。

人前に出るだけで、無料で恋人ができる可能性もある

人前に出たら、もしかしたら自分の好みの異性が見ていてくれて、あとで声をかけてくれるかもしれません。

結婚相談所に100万円近くかけて登録して、お見合いの相手を選んでいたら、お金も時間もかかります。そんな中、人前に出て「恋人募集中です」と言えば、無料でいい人が見つかる可能性もあるのです。

そう考えると、人前に出るということは、元手がかからない「恋人探しタイム」ということにもなります。

「でも、私はルックスに自信がないです。私が人前に出ても、誰も好きになってくれることなんてありません」

という方もいるでしょう。

そんなことはありません。それは、見ている人数が少ないというだけです。

以前、どう見てもモテないであろう、〝キモいキャラ〟の芸人さんが、テレビで「花嫁募集」という企画をおこないました。

テレビを観ていた大勢の視聴者は、「誰が応募するんだよ。きっと誰も応募しないに決まっている」と思っていたでしょう。

しかし、ふたを開けてみると、1000人近い女性が「結婚したい」と応募してきたのです。

何が起きたのかというと、母集団《ぼしゅうだん》が広がるということが起きたのです。

もちろん、福山雅治さんが「結婚相手募集」と言えば、100人中50人が応募してきたかもしれません。

しかし、実際には、どれだけモテない人であれ、1000人に1人、いや100人に1人は、あなたのことを「好みだ」という人が現れるのです。

日本国民が約1億3000万人で、女性が約6500万人いる中で、仮に独身で結婚相手を探している女性が1000万人いたとします。

視聴率10％の番組で、100万人の女性に一度にリーチできた計算になります。

ということは、どれだけモテない人であれ、100万人中1000人ということは、1000人に1人からは「結婚したい」「つき合ってもいい」と思われているということなのです。

あなたが、恋人ができない、結婚できないとしたら、純粋にその1000人にアタックしていないというのが原因です。

人前に出たら、その1000人に最速でアタックすることができます。

違う女性が100人いる前で、10回話をするだけで、あなたとつき合ってもいいかなと思う女性が現れるわけです。

そう考えたときに、人前に出るのが損か得かと言われたら、明らかに得です。

人前に出るのは、「お得タイム」だと考え方を変えれば、人前に出たくてたまらなくなるのです。

第一章

緊張は、未然に防げる

緊張しなくなるには、
どうすればいいのでしょうか

準備していれば、緊張しない

「石井さんは、緊張したことはないんですか？」

とよく聞かれます。

もちろん、アナウンサーになるまでは、人前に出たら緊張していましたが、アナウンサーになってからは、ほとんど緊張したことはありません。なぜかというと、アナウンサーは、そもそも緊張しないことが前提の職業だからです。

人前でいちいちあがってしまっていたら、仕事になりません。

では、なぜあがらないのでしょうか。

それは、アナウンサーには「仕込み8割」という鉄則があるからです。

テレビ局によっては、「仕込み9割」という局もあるかもしれません。

1時間の生放送であれば、仕込み時間は4時間、30分の生放送であれば、仕込み時間が2時間ということです。

つまり、1時間話すためには、4時間かけて準備をするのが普通だということです。

これだけ時間をかけると、本番でパニックになることはなくなります。

「これを言ったら次はこれ。こう聞かれたら、この情報を言う」

と仕込みをしておけば、何を聞かれても、たいていは対応できるからです。

「知らないことを本番で聞かれたら、どうするんですか？」

と思う方もいるでしょう。

そんなときには、魔法の言葉があります。

「次回までの宿題にします」

という言葉です。

もちろん、次回までの宿題と言っておいて、次のオンエアでそのことを言うかというと、言いません。

「このアナウンサーは、こんなことも知らないのか。けしからん」

と視聴者が感じる気持ちを、「次回までの宿題にします」と言うことで、消すことができるのです。

コメンテーターでも、「答えられなかったらどうしよう」と緊張でガチガチの方も、もちろんいらっしゃいます。

そういうときは、

「大丈夫ですよ。もし、答えられなかったら、『次回までの宿題にします』と言ってください。そうすれば、その場はしのげます」

と言うと、コメンテーターの方の緊張もほぐれます。

結局、「次回までの宿題にします」という言葉は、私は5年間のアナウンサー生活では一度も使うことがありませんでした。

ですが、**この言葉を知っているかどうかで、緊張の度合いが変わってくる**わけです。

「これだけ調べたのに、わからないことを聞かれたらどうしよう」

ではなく、

「これだけ調べたんだ。わからなかったら、『次回までの宿題にします』と言えばいいんだ」

と思っていれば、リラックスして生放送に臨《のぞ》めるのです。

「パニックに陥ったときに、どうするか」

これを事前に準備しておけば、緊張とは無縁の世界に行けるのです。

プランBを用意しておけば、緊張しなくなる

生放送は、ハプニングの連続です。「まさか！」という事態がよく訪れます。

テレビの生放送で、ニュース原稿を読んでいたら、1枚目、2枚目、3枚目、5枚目となっていて、4枚目の原稿が抜けていたこともあります。

こういう場合は、プランBです。

リードの部分（ニュースの最初の部分）を繰り返して、時間を調整するのです。

「今日、内閣総理大臣が、所信表明演説《しょしんひょうめい》をおこないました。その中で首相は、消費税の増税が必要だという見解を示しました」

というのがリードであれば、これをゆっくり2回繰り返せば、時間が調整できます。

その際には、「見解を示しました」のあとに、3秒の間を取ってから言うと、時間を稼ぐことができます。

ラジオの場合は、最後に3秒間の無音を残したほうが、美しいと言われます。

「見解を示しました。1……2……3（無音）」

で、CMが始まるほうが、きれいです。

さらに秒数が余ってしまった場合は、

「お聞きの放送は、〇〇ラジオです」

「時刻は〇時〇分になるところです」

「この時間のニュースの担当は、石井でした」

もっと時間を稼ぎたければ、

「この時間のニュースの担当は、石井貴士でした」

とフルネームで言います。

アナウンサーが緊張しないのは、とっさのときに何をするべきかを事前に用意しているというだけなのです。

沈黙は、演出だと思わせる

「次に言うことを忘れてしまったら、どうしよう……」

確かに、そう考えたくなる気持ちはわかります。

ですが、そういう方は、「沈黙＝悪」と決めつけています。

上手なセミナー講師は、わざと講演の途中で3秒沈黙をつくったりします。

沈黙があると、次は大切なことを述べるんだなと、聞いている人を引き込むことができるというわけです。

次に言うことを忘れてしまった場合の、プランBは何か。

それは、「わざと3秒黙り込む」ということです。

「言うことを忘れたら、困る」というのではありません。

言うことを忘れたら、

「意図的に沈黙という演出をつくるチャンスだ」

と考えるのです。

そうすれば、沈黙は怖くなくなります。

「沈黙をつくってはいけない」と考えるのではなく、黙るという演出だと開き直るのです。

黙っている3秒で、次に何を言うかを思い出せれば、それもよし。

黙っている3秒で、何も思い出せなければ、資料に目をやればいいのです。

常にプランBがある状態をつくることで、何があっても緊張しない自分が手に入るのです。

観察される側ではなく、観察者になれば、緊張はなくなる

「私はいま、どう見られているんだろう?」と思うと、緊張します。うまく話せていないのではないか、つまらないと思われているのではないかと思うと、緊張するわけです。

緊張は、どんなときに起きる現象なのか。

緊張は、観察される側にのみ、起きる現象である。

大切なことなので、もう一度繰り返します。

緊張は、観察される側にのみ、起きる現象である。


そう、緊張は、誰かから観察されているときにのみ、起きる現象なのです。

ならば、自分が観察される側ではなく、観察する側になれば、緊張しなくなるということなのです。

面接官は緊張しない

面接は、面接を受ける人が、緊張します。

「採用されるかどうかで、人生が決まるんだ」と思えば、面接を受ける側は、ドキドキします。

逆に、「この人は社員としてふさわしいか」と、観察している面接官側は、緊張しません。

あがり症だという人も、面接官の立場になれば、緊張しなくなります。

そんな中、

「圧迫面接をしている面接官がいないかどうか、社長がモニターでチェックします」と言われたら、今度は面接官が緊張します。

「圧迫面接だと言われて、クビになったらどうしよう」と、ドキドキします。

面接官が観察される側になったから、緊張するというわけです。

緊張は、観察される側にのみ起きる現象であり、観察している側は緊張はしないのです。

面接で緊張しないコツは、あなたが面接官を観察することです。

「今度はどんな面接官に当たるかな。どれどれ、今日のブログのネタを探すか」と思った瞬間に、緊張はどこかへ行ってしまうのです。

セミナー講師は、受講者を指せば、緊張しなくなる

「人前で話すなんて、緊張します！」

という人は、〝話を聞く人は観察者〟で、〝話をする人が大勢から観察される側〟だと思っています。

この考え方を持っていれば、誰しも緊張してしまって当然です。

そうではありません。

講師側が、来ている受講者を観察するのです。

「美人を探すぞ。美人はいないかな」と観察した瞬間に、緊張はほぐれます。

自分が、観察されている側から、観察している側になったからです。

さらに、とっておきの方法があります。

セミナー開始早々、

「はい、そちらの男性の方、どう思われますか?」

と、受講者に答えさせるのです。

そうすると、受講者側は「この先生は当てる先生だぞ。当てられたらどうしよう。寝るわけにもいかないな」と緊張します。

緊張する側から、緊張させる側へと、あなたの立場が変化するのです。

「石井さんは、なぜ大勢の前でセミナーをしても緊張しないのですか?」

と聞かれるのですが、開始5分以内に、

「これはどう思いますか?」

と誰かをランダムに指名するからです。

そうすると、私は緊張させる側に立てるので、自分で緊張することはなくなるというカラクリだったのです。

美人の前でも、観察すれば緊張しなくなる

「美人の前だと、ドギマギしてしまって、緊張する」

という方がいます。

その場合、美人があなたを観察する側で、自分は美人から観察される側になってしまっています。

「嫌われたらどうしよう？」

「私はどう思われているんだろう？」

と思うと、緊張します。

そうではなく、ここでも観察する側になるのです。

「確かに美人だな。美人ランクで言うと、Sランクか？　いやいや、SSSランクか

な。ルックスはSSSだが、性格はAランクか」と、相手を観察すると、緊張しなくなります。

美人は美人で、いつもじろじろ見られているので、緊張しているわけです。

美人の前だと緊張してしまうという男性もいれば、一方で、いつも見られていて緊張してしまうという美人も存在します。

美人相手でも、観察する側になれば、緊張とは無縁になれるのです。

試験で緊張しない方法は、どんな人が試験を受けているか観察することだ

大学受験など、ペーパーテストの本番で、緊張してしまう人がいます。

なぜ緊張するのかというと、「自分は採点される側だ」と思ってしまっているからです。

テストの結果に関して、観察される側なので、緊張するわけです。

どうしたら緊張しなくなるかというと、周りの受験生を観察すればいいのです。

「可愛い子はいないかな」

と、可愛い人探しをするのも、観察する側になる方法です。

一番いいのは、

「この中で、自分以外に合格する人は誰かな？　落ちそうな人は誰かな？」

と試験官の立場で観察することです。

本来テストを採点される側の立場から、採点する側の立場になるわけです。

そうすると、まったく緊張せずに、試験を受けることができます。

緊張しないための必勝法は、観察する側になるということなのです。

第二章

「人前が苦手！」その7つの思い込み

緊張してしまったときの対応策を知りたいのですが

×→「人前だと、緊張して、顔が赤くなってしまうんです」
○→「顔が赤くなる原因は、他人の視線を気にしたから」

「人前だと、緊張して、顔が赤くなってしまうんです」
と言う人がいます。
この考え方自体が、間違っています。
逆に言えば、こういう思考回路だと、人前に出たときに赤面する人になってしまう
ということです。
どういうことかというと、

原因 **人前に出る** → **結果** **緊張する**
原因 **緊張する** → **結果** **顔が赤くなる**

ということはすなわち、

原因 人前に出る ↓ 結果 顔が赤くなる

このような思考回路になっているということです。

つまり、「A↓B↓CなのだからA↓Cである」という認識に、思考回路がなっているわけです。

しかし実際のところは、

「原因 人前に出る↓結果 緊張する」も間違えていますし、「原因 緊張する↓結果 顔が赤くなる」も間違っています。

それぞれ、解説していきます。

まず、「原因 人前に出る↓結果 緊張する」という思考回路は正しいとは言えません。なぜかというと、人前に出ても緊張しない人もいるからです。

人間として生まれてきた以上、人類すべてが人前に出ると緊張するというのであれば、人前に出たら緊張するというのは正しいです。

ですが、そうではない人も多いのですから、「人前に出たら緊張する」という考えは、間違っています。

緊張のメカニズムでも述べたように、緊張しない方法は2つです。

① 準備をする

② 観察者になる

この2つだけをしていれば、人前に出ても緊張しなくなります。

人前に出たら緊張するというのは、間違った思い込みに過ぎないのです。

続いて、「原因 緊張する→結果 顔が赤くなる」という思考回路も、緊張して顔が赤くならない人もいるのですから、間違えています。

顔が赤くなる原因は、誰かに見られていると感じるからです。

「私は人前に出ると顔が赤くなる、赤面症《せきめんしょう》なんです」

という悩みを抱えている方もいらっしゃるでしょう。

ですが、誰も見ていないところで緊張しても、顔は赤くならないはずです。

緊張するシチュエーションとしては、２つに大別できます。

（1）人が目の前にいる場合（プレゼン、講演、スピーチなど）
（2）人が目の前にいない場合（ペーパーテストなど）

人が目の前にいないときも緊張するわけです。

顔が赤くなるという人も、大学受験のペーパーテストの最中に、顔が赤くなることはないはずです。

ということは、「緊張が原因で、顔が赤くなる」というのは間違いで、「人に見られているという思うことが原因で、顔が赤くなる」というのが正解です。

つまり、人前に出ても、人に見られていると思わなくなれば、顔が赤くならなくて済むことになります。

そこで、「観察者の側に立つこと」の出番です。

自分を見ている人を観察していれば、緊張して顔が赤くなることから解放されるのです。

そもそも、顔が赤くなってしまうという方は、普段から人の視線を気にして生きている方が多いようです。

「人からどう見られているだろうか？」と常日ごろから、いわば助走をつけているような状態で人前に出たら、誰でもあがってしまいます。

普段から人の視線をまったく気にしていなければ、人前に出たとしても、視線は気にならないので、平然としていられるはずです。

人前に出ることが原因で顔が赤くなってしまうのではなく、そもそも人の視線を気にする性格が原因で、人前に出たらその性格がより発動してしまって、顔が赤くなってしまう、というのが真相です。

ということは、人前に出ることではなく、人の視線を気にしてしまう「性格」が原因だったわけです。そう考えれば、「原因 人前に出る→結果 顔が赤くなる」という原因と結果を打ち砕くことができるのです。

どうすれば人前で緊張しなくなるか

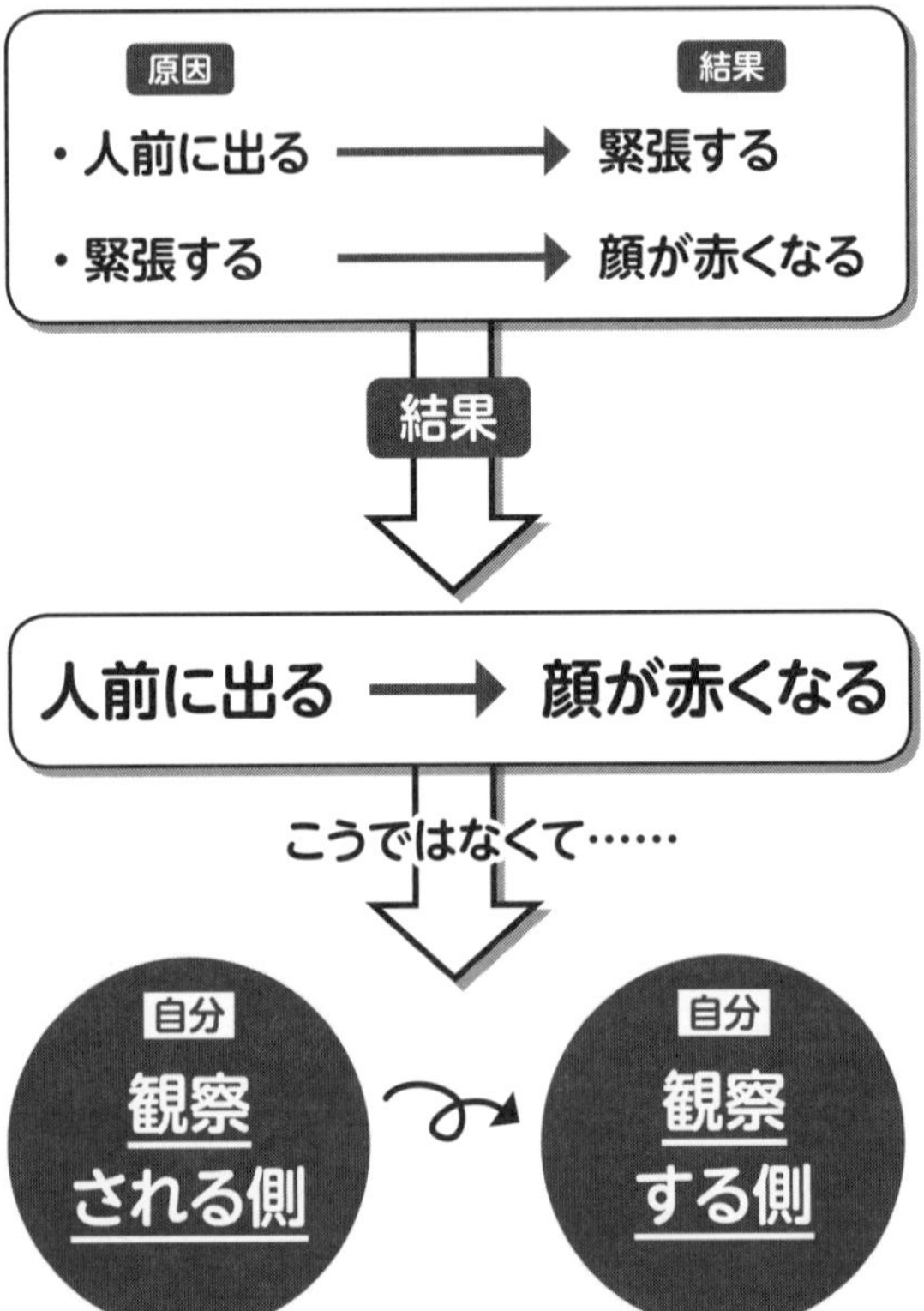

これだけで人前で緊張しなくなる!

×→「頭が真っ白になってしまうんです」
○→「頭が真っ白になったときにどうするかを、あらかじめ用意していればいいだけ」

「人前に出て、何を言っていいかわからなくなって、頭が真っ白になってしまったらどうしよう……」

と言う人がいます。

解決策は、簡単です。

「頭が真っ白になったときに何をするか?」

というプランBを考えておけばいいだけです。

準備段階でできることは、「話したいことをキーワードで紙に書いておく」ことです。そこで大切なのは、一言一句書かないということです。

一言一句書いてそのまま読もうとすると、ほぼ100%の確率で、とちります。

とちっただけで、「どうしよう。とちってしまった」とパニックになる可能性が生じてきます。

プロのアナウンサーでない限り、一言一句間違えずに読むのは難しいのですから、一言一句紙に書いて読み上げようというのは、そもそもの対策が間違っています。

正しい方法は、キーワードを書いて、矢印をつけておくことです。

こうすることで、順番もわかりますし、とちる可能性を最小限に抑えられます。

①　内閣総理大臣が、サミットに向けてロサンゼルスへ出発しました

②　内閣総理大臣→サミット→ロサンゼルス（キーワード方式）

①の場合は、一言一句読もうとするために、失敗する可能性が生じます。

②の場合は、「サミットに向けて」でも、「サミットのため」でも、その場で変えたところで、間違えたことにはなりません。

「ロサンゼルスに出発しました」でも、「ロサンゼルスに旅立ちました」でもＯＫなわけです。

感情を込めて読むことができるのも、②の「キーワード方式」のメリットです。

①の場合は、内閣総理大臣が重要なのか、サミットが重要なのか、ロサンゼルスが重要なのかがわかりません。

②のキーワード方式であれば、「内閣総理大臣→**サミット**→ロサンゼルス」と、重要なところだけを太字にしたり、線で囲んだりすれば、どこが重要なのかもわかるので、話しやすくなるというわけです。

事前準備はキーワード方式にすれば、本番でのパニックを防げます。

よりパニックを防ぎたければ、キーワードを10個、20個と、多く書いておけばいいだけです。

キーワード数を多くメモしておけば、パニックになったときに見返すことができるので、安心して本番に臨めます。

「キーワード方式」を使う

「内閣総理大臣が、サミットに向けて
ロサンゼルスへ出発しました」

一言一句読もうとしない!

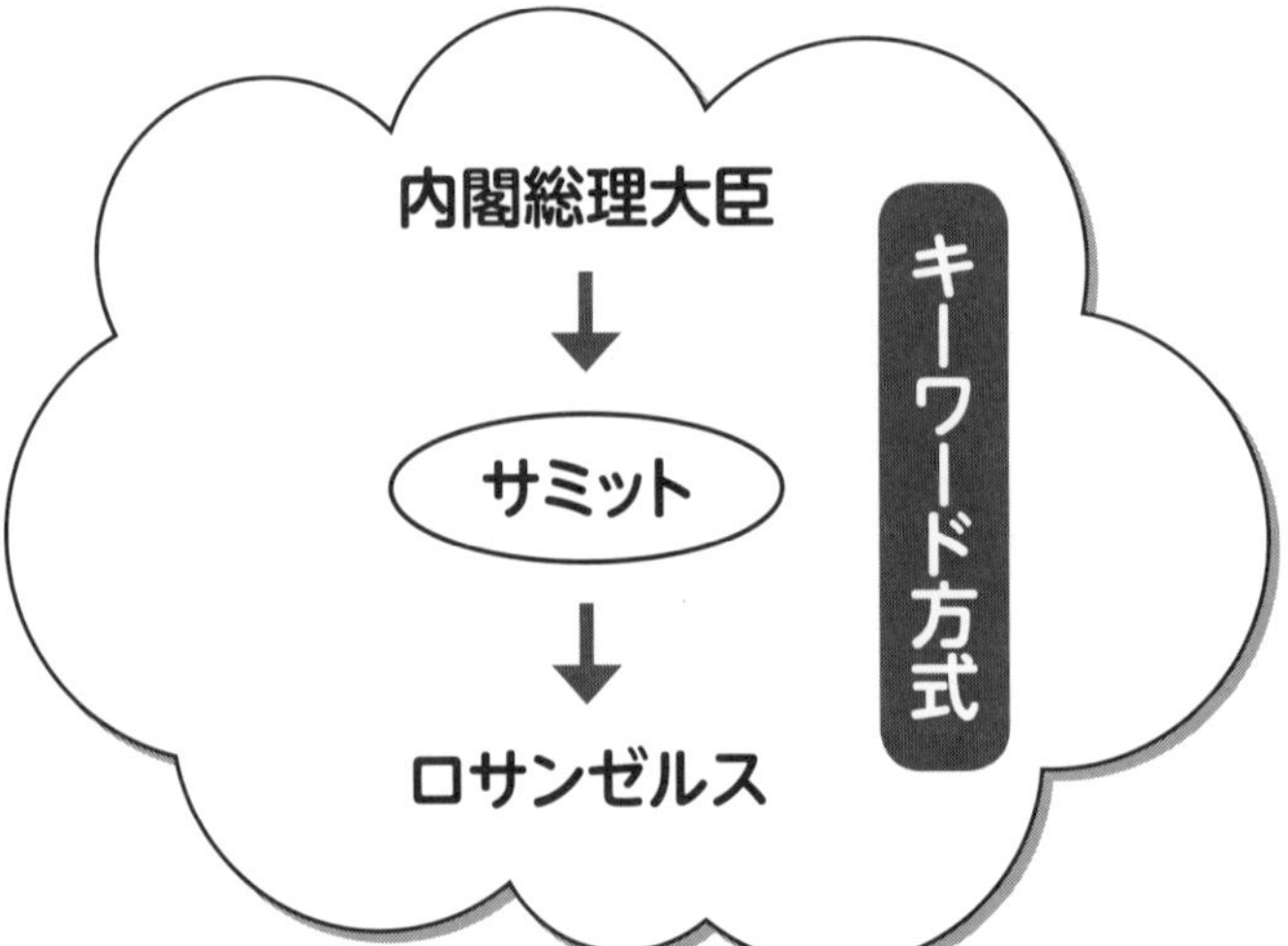

やってはいけないことは、水性のペンで、手のひらや手の甲にキーワードを書くということです。

突然雨が降ってきたら消えてしまうということもありますが、何よりも汗で消えてしまうケースが多いのです。

手にメモを書く習慣がある人は、たいていは緊張して汗が出てしまうタイプの方が多いはずです。

にもかかわらず、手に書いてしまうのは、絶対にやってはいけない行為です。

アナウンサーも、紙に書くときは、水性ペンは絶対に使いません。

雨の日や雪の日のために、水に強いボールペンを使います。

「メモを書くときは水性ペンを使わない」というのは、当然のルールにしておくことが大切です。

では、準備をしていたにもかかわらず、本番で頭が真っ白になってしまったときのプランBは何か。

答えは、ただ1つ。

「笑う」というのが正解です。

にっこりと笑顔をつくると、リラックスできます。

リラックスすると、何を言うかを思い出せることが多くなります。

苦笑いや照れ笑いはダメです。

苦笑いや照れ笑いだと、

「ああ、この人は、何を言うか忘れてしまったんだな」

と、見ている人から思われ、観察される側になってしまい、緊張する側になるのでNGです。

相手に対して微笑みかけると、自分が観察者になれます。

ここでやってはいけないことは、

「あ、いま何を言うか忘れてしまいました」

「頭が真っ白になってしまいました」

と、声に出して自己開示をしてしまうことです。

そうすると、「この人は人前が苦手なんだな」と、観察される側になってしまい、ボロボロになります。

たまに、

「私は人前で話すのが苦手なのですが、どうぞお聞きください」

とエクスキューズ（言い訳）をしてから講演を始める人がいますが、これもやってはいけません。

いきなり観察される側からのスタートになるからです。

「こういうことを最初に言ってしまうから、人前で話すのが下手なんだよ」

と、突っ込みを入れたくなります。

人前に立ったときは、観察される側ではなく観察する側になるのが、緊張しなくなる大前提です。

本番中に頭が真っ白になったら、微笑みながら、聴衆を観察しましょう。

それだけで、頭が真っ白になった直後の時間を、リラックスしながら、何を言うかを思い出す時間に充《あ》てることができるのです。

×→「生まれつき、人前が苦手なんです」
○→「人前が得意かどうかは、トレーニングしているかどうかの違いだけ」

「スティーブ・ジョブズのスピーチは天才的だ。とてもあんなふうにはなれない」

そう感じたことがある方もいるでしょう。

ですが、彼のスピーチの内容に関しては、スピーチライターが彼の話を元に、感動するように、原稿を作成しています。

どこで右を向くか、いつ右手を上げるか、いつ笑顔をつくるかまで、プロのスピーチコンサルタントが指導して、何回も練習をしてから、本番に臨んでいるのです。

日本の首相の「所信表明演説」の原稿も、スピーチライターが書いています。

選挙が終わった直後に、1ヵ月くらい1人になれる時間があれば、首相も原稿を自分で書けるかもしれませんが、首相の座についてすぐに「所信表明演説」をしなければばいけないわけですから、代わりの第三者が原稿を書いているのです。

バラク・オバマ米大統領のスピーチも、スピーチライターが原稿を考え、スピーチコンサルタントが、どこで笑顔をつくるべきか、どこで右手を上げて抑揚《よくよう》をつけるべきか、どんな服装をするべきかまで考えて、トレーニングが重ねられています。

人前で、いきなり準備なしで素晴らしい話ができる人など、誰もいません。

あなたも、プロのスピーチライターが書いた原稿で、プロのスピーチコンサルタントに手取り足取り指導してもらって、１００回くらい同じことを話す訓練をすれば、かなり高いレベルのスピーチができます。

多くの人は、人前で話す才能は、生まれつきのものだと考えています。

違います。

しゃべりのスキルは、単なる「努力のたまもの」です。

しゃべりが上手な人を見たら、「よく練習しているんだな」と感じ、しゃべりが下手な人を見たら「練習していないんだな」と感じるのが、正しい評価の仕方です。

「この人は、もともとしゃべりが上手なんだな」

「この人は、もともとしゃべりが下手なんだな」

と思うのは、間違っているのです。

中日ドラゴンズの落合博満元監督が、就任して最初に、選手たちを見て言い放ったひと言は、「ああ、こいつら、練習していないんだな」でした。

「ダメなんだな」でも、「下手なんだな」でもなく、「練習していないんだな」だったのです。

その後、春季キャンプでは、1週間のうち6日が練習、1日だけ休みという猛練習をしたおかげで、中日ドラゴンズはとくに選手の補強をするわけでもなく、現有戦力だけで優勝できたというエピソードがあります。

あなたのしゃべりが下手なのは、生まれつきではありません。

何を言っていいかわからないのは、全員が同じ土俵からのスタートです。私たちはスピーチライターに頼めないので、自分で考えなければいけないというだけです。

話すのが下手なのは、プロのスピーチコンサルタントにコーチングを受けていないだけ、または新人アナウンサー研修を受けていないということだけが、原因なのです。

×→「人前に出ると、あがってしまうんです」
○→「人前に出ても、あがらない別人格をつくればいい」

「そうは言っても、どうしても人前に出ると、あがってしまうんです」

という人もいらっしゃるでしょう。

「自分がどう見られているか」ばかりが気になってしまい、どうしても観察される側になってしまうというわけです。

ではどうしたら、あがらなくなるのでしょうか。

そんなあなたに、あがらなくなる必勝法をお伝えします。

自分ではなく、別人格をつくれば、あがらなくなります。

本名が田中太郎だとしたら、田中太郎ではなく、ペンネームのような別名を自分でつくって、その人格として行動すればいいのです。

スティーブ・ジョブズのようなプレゼンがしたいのであれば、スティーブという名前の別人格を、自分の中につくります。

田中太郎は緊張する人格かもしれませんが、スティーブは堂々としている人格のはずです。ならば、心の中で、「はじめまして。スティーブです」と唱《とな》えたあとに、話し始めれば、緊張しなくなります。

なぜならば、見られているのが田中太郎ではなく、スティーブになるからです。

田中太郎が見られていると思うから、緊張するのです。

スティーブが見られていると思えば、自分ではない第三者が見られているだけなので、緊張しなくなります。

この手法は、ビジネスでも有効です。

アイデア会議で、田中さん、鈴木さん、竹下さんの3人で会議をするときに、お互いにあだ名をつけ合うのです。

アインシュタインさん、エジソンさん、パスカルさんという名前で呼び合いながらアイデアを出し合えば、否定されたとしても自分のアイデアではなく、ペンネームの別人のアイデアなので、傷つきません。

そのため、会議が活性化するので、天才的な素晴らしいアイデアが出るのです。

「新入社員の自分が、上司に向かって意見を述べていいものか」

というためらいがあると、素晴らしい意見も言えません。

上司がソクラテス、自分がアインシュタインであれば、堂々と意見が言えるというわけです。

人前が苦手だという人は、自分のオリジナル人格で、人前に出ようとしています。

明石家さんまさんでさえ、本名の「杉本高文」としてテレビに出てはいないのです。

「明石家さんま」という別人格をまとうことで、面白いしゃべりがポンポンと出てくるのです。

「俺はスティーブだ」

「私はキャサリンよ」

と思って人前に出れば、見られているのは自分ではなくなるので、緊張せずに話すことができるのです。

×→「人前で話して、嫌われたらどうしよう」
○→「嫌われるのは、当然だ」

「話が下手で、聞いている人から嫌われてしまったらどうしよう」

と不安になる方もいるでしょう。

たいていの場合は、話が下手だからといって嫌われることはありません。

「人種差別はすべきです」

「女性蔑視《べっし》をします」

などと、倫理に反することを言えば確実に嫌われますが、そうではない限り、なかなか嫌われることはないので大丈夫です。

あなたも、講演している人を嫌いになったことはあるのではないでしょうか。

そのときに、その人が人前に立ったから嫌いになったわけでもなければ、話が下手だったから嫌いになったわけでもないはずです。

「人を見下した態度を取る」「不潔で汚らしい」といった、話の内容とは違ったところで嫌いになったはずです。

つまり、「そもそも嫌いな人が人前に立った」というだけであって、人前に立っていなくても、その人のことは嫌いになったはずです。

あなたが普段から人に嫌われていたら、人前に出たところで、聞いている人の分だけ嫌われるだけですし、普段から人に嫌われていなければ、人前に出ても嫌われることはありません。

だから、「人前に出て嫌われたらどうしよう」というのは、心配する必要が最初からないことなのです。

しかし、私は以前に一度だけ、人前に出て嫌われた経験があります。

新人アナウンサー時代に、2000人を前にして「こども音楽コンクール」の司会を務めたときです。

あまりにもとちってばかりで、小学校の名前を間違えるわ、児童の名前も間違えるわ、曲名も間違えるわ……会場の空気は最悪になりました。

私の目をキッとにらんでくる小学生もいたほどです。

父母の方々も、「なんだあいつは。ひどい奴だ」という目で司会の私を見ていて、あわや暴動寸前というくらいの空気が漂《ただよ》いました。

一緒に司会をしていた先輩の女性アナウンサーには、

「石井君、途中だけど、今日はもう出てこないほうがいいんじゃないかしら。裏口から逃げたほうがいいわよ。こんなに暴動が起きそうな現場は初めてよ」

と言われました。

ディレクターからも、

「いくら下手だとはいえ、この雰囲気はまずいだろう。もう収拾がつかないぞ」

と言われる始末でした。

せっかく1年間、コンクールのために練習をしてきた小学生、それを見守る親御さん。一方で、とちりすぎて暴動が起きるような雰囲気をつくり出している自分が、そこにいました。

絶体絶命のピンチです。

観察者になるどころか、父母の方々からだけではなく、小学生からも観察される立場に立たされていました。


そこで、私はマインドを切り替えることにしました。

「自分はただ間違えただけであり、悪意があったわけではない。『間違うこと＝悪』だと、自分が決めつけていたから、『間違えた自分＝悪い人』のように、２０００人から思われてしまっているだけだ。新人なんだから、間違うのは当たり前。自分は悪人ではなく、ただのとちってばかりの善人なんだ」

と、考えを改めました。

さらには、人のせいにすることを思いつきました。

「フォローするのは先輩アナウンサーの役目なんだから、フォローできない先輩も悪い。温かい雰囲気をつくれないディレクターにだって責任はある。悪人は自分以外であり、自分は善人なんだ」

と、思い込みました。

先輩アナウンサーやディレクターの方には申し訳ありませんが、私が立ち直るために、心の中で悪人にしたのです。

すると、どうでしょう。

そのあとからは、とちることもなくなり、小学生にも父母の方々にも、笑顔が戻ってきたのです。

自分は善人なんだという思い込みをして人前で話しただけで、暴動が起きそうな雰囲気が、一気に温かい雰囲気に変わったのです。

悪人の仮面をつけられたものを、自分の内側から善人の仮面をつけていることをアピールしたことで、なんとか窮地《きゅうち》を脱しました。

終わったあとは、

「一時はどうなることかと思ったけど、なんとか切り抜けたね」

と、スタッフの方からも言っていただけました。

人前で嫌われるというのは、私のように2000人の前で、小学生の名前を何度も間違えたりと、よほど失礼なことを重ねることでもないかぎり、起きない現象です。

私自身も、5年間のアナウンサー生活で、暴動が起きそうになったのは、この1回だけです。

そのときは、善人の仮面をつけることで乗り切りました。

よほどのことでもないかぎり、人前に出て嫌われることはありませんが、もし、それでも嫌われてしまいそうだったら、「善人の仮面をつける」というのが、プランBなのです。

×→「人前で失敗したら、どうしよう」
○→「失敗するかどうかに、人前は関係ない」

「大勢の前でプレゼンをして、うまくいかなかったらどうしよう」

と、始まる前から怖気《おじけ》づいてしまう人がいます。

この考え方も、間違っています。

うまくいくかどうか、成功するか失敗するかと、人前であることは関係ないのです。

誰もいないところでプレゼンの練習をしてうまくいけば、10人の前でも100人の前でも1000人の前でもうまくいきます。

逆に、誰もいないところでボロボロだったら、人前では絶対にうまくいくはずがありません。

失敗したら、聞いている人数分だけ、ガッカリされます。10人ならば10ガッカリ、

１０００人ならば１０００ガッカリされるというだけです。

成功するか失敗するかは、人前に出る前の準備の時点ですでに決まっています。

つまり、「人前に出たことが原因で失敗した」というケースは、あり得ないのです。

失敗する理由は、人前に出る以前の段階にしかないのです。

となれば、何回プレゼンの練習をしたか？　何回プレゼンの内容を練り直したか？が成功と失敗の分かれ目です。

多くの人は、まったく準備もせずに、人前で話そうとしています。

それでは、失敗が待っているだけです。

また、「人前で失敗したらどうしよう」と言う人は、失敗する前に、「これでうまくいきますか？」と、第三者にチェックを受けていないのです。

上司に、プレゼンの内容とプレゼンの方法を事前にチェックをしてもらって、ＯＫが出ていたのに失敗したら、それは上司の責任です。

多くの人は、誰にも相談せずに、人前に出て失敗するのです。

中継リポーターも、一度リハーサルをして、ディレクターのチェックを受けてから、生放送に臨みます。漫才師も、ネタをマネージャーさんなどに見せて、面白いと思ってもらえたら、本番でそのネタを披露します。

うまくいかない人は、誰からもチェックを受けようとしない人です。

「否定されたら怖い」と言って、話す内容、話している姿を事前に誰にも見せないから、しゃべりが上達しないのです。

新人アナウンサーも、声に出してニュース原稿の下読みをして、報道デスクにチェックをしてもらいながら、上達していきます。

漫画家も、ネーム・コマ割りの段階で編集者がチェックして、ＯＫが出てから、絵を描き始めます。

「作家志望です」と言って、いつまでたってもデビューできない人がいます。たいていは、先生を見つけずに、自分だけで試行錯誤しています。

実際に先生を見つけて、どうしたらもっと上手になるかをチェックしてもらわないと先に進まないのに、「意見を言われたくない」と言って、デビューできない方が、どれだけ多いことでしょうか。

これまでに64冊の本を出版している私でさえ、毎回、編集者のチェックをいただいてから、本を世に出しています。

にもかかわらず、

「しゃべり方のチェックは受けたことがない。しゃべる内容についてもチェックを受けたことがない。人前が苦手だ」

と悩んでいる方は、とても多いです。

新人アナウンサー研修も受けて、先生に何度も話し方のチェックを受けた段階で、「ああ、私はダメなんだ」と言うならまだしも、多くの方は、一度も第三者のチェックを受けずに、自分はダメだと決めつけているのです。

×→「自分よりも賢い人ばかりが、聞いているんじゃないだろうか」
○→「賢い相手には、役割で勝てばいい」

「学会で発表しなければいけません。学会に来るような人たちなので、自分よりも実績がある人ばかりなんです」

というケースもあるでしょう。

「東大生だけに、講演をしてください」

「ノーベル賞受賞者ばかりが集まっています。さあ、あなたが話す番です」

こんなことを言われたら、さすがに怖気づいてしまうかもしれません。

ですが、安心してください。

こういうケースは、ゼロです。

私でもこういうケースはいまだにないので、気にしなくて大丈夫です。

そもそも、あなたがノーベル賞受賞者だったら、そういった講演の機会はあるかもしれませんが、おそらくあなたは違うと思いますので、こういうことは頼まれませんから安心してください。

100人を相手に話をしたら、1人はあなたよりも賢い人が混じっていて当然ですし、テレビの場合はもっと多くの人が相手です。

たとえば長野県の人口は約210万人ですが、視聴率が5%だと仮定すると、10万人以上の方に観られている計算になります。

10万人の中には、自分よりも知識量が多い相手がいて当然です。

その中で、どう話していったら緊張しないのか。

それは、自分の役割を見つけて、その役割で話すことです。

役割を演じているだけだと思えば、緊張しなくなります。

アナウンサーは、天気予報の原稿を読みます。

気象予報士ではないアナウンサーは、気象についての専門知識はありません。

「今日は高気圧に覆《おお》われていて、晴れるでしょう」と読み上げても、「どうして高気圧に覆われると晴れるのかというメカニズムを説明しろ」と言われたらできません。

「今日は前線の影響で、雨でしょう」と言っても、前線のどんな影響なのかはわからずに、原稿を読みます。

当然、プロの気象予報士の方も、天気に興味があるので、テレビの天気予報を見ています。

そのときにアナウンサーが緊張するかというと、緊張しないのです。

なぜなら、「読んでいる人はアナウンサーだな」と、気象予報士の方もわかっているので、プロレベルの気象の知識は期待されていないからです。

アナウンサーが緊張しない理由は、アナウンサーという役割を与えられているからです。

役割があれば、緊張しません。

テレビのコメンテーターで、コンピューター問題に詳しい専門家が呼ばれたら、コンピューターのことしか聞かれません。

いまの政治についてどう考えるかというのは、役割ではないので聞かれないのです。

以前、コメンテーターの方に、「コツは何ですか?」と直接聞いたことがあります。

すると、

「面白いことを言わないこと、笑いを取ろうとしないことです」

という答えが返ってきました。

彼はかつて、スタジオ中を大爆笑させるくらい面白いことを言ったところ、オンエアではすべてカットされたそうです。

理由は、

「面白いことを言うのは芸人の役目、まじめなことを言うのがコメンテーターの役目だから、面白い発言の部分はカットした」

とディレクターの方から言われたということでした。

相手が求めている役割を務めるのが、人前に出るときの鉄則だったのです。

お笑い芸人の小島よしおさんと、ある番組の収録でご一緒させていただいたことがあります。

彼は、出演者の中でも一番面白く、スタジオは爆笑の嵐でした。

ですが、オンエアを見ると、彼が面白いところはすべてカットされていました。

その代わり、ギャグがスベっているところだけが、オンエアになっていました。

その番組において、小島よしおさんは、「スベる役割」を期待されていたわけであって、面白い役割はほかの芸人さんの役割だったというわけです。

おバカキャラのタレントさんは、おバカなことを言っているところはオンエアされますが、まじめなことを言っているところはカットされます。

知的タレントの方は、知的なコメントはそのままオンエアされますが、面白いことを言っているところはカットされることがあります。

アナウンサーは、ゲストを紹介したりと、アナウンサーの役割のところはカットされませんが、面白いことを言ってもカットされてしまうことが多いのです。

ものすごい大物から見られていたとしても、アナウンサーとしての役割を演じていると思えば、緊張しなくなるのです。

人前で話す場合も、同じです。

「プレゼンをする人」という役割であれば、ギャグを言うのではなく、プレゼンをするという役割に徹すれば緊張しません。

講演をするときも、「○○専門家」という肩書きであれば、その肩書きのことしか期待されていません。

魚類学者でタレントのさかなクンには、魚の知識しか期待していません。いきなり政治の話題を聞かれることも、ありません。

あったとしても、「魚の世界の政治では」ということが求められているだけです。

自分より知識がある相手に対して話すときは、「自分の役割」に徹して話せば、緊張せずに話せるようになるのです。

第三章

「人前が苦手」をなくすための準備のコツ

緊張をなくすために、何から手をつけたらいいのでしょうか

合格最低点の115%を目標に準備しよう

高校受験・大学受験の目標設定は、「合格最低点の115%の点数が取れるように勉強すること」です。

すべての教科で満点を取ろうとしても、無理をすることになるので挫折するだけです。「全教科で8割取ろう」というのも、間違った目標設定です。

東大のように、問題が難しいために、440点満点で200点を取れば合格するような試験もあれば、センター試験のように、大学によっては9割取らなければいけない試験も存在するからです。

そんな中、オススメなのは、「合格最低点プラス15%」という目標設定です。

440点満点で200点が合格ならば、230点を取ることを目標に準備をします。

「合格最低点プラス25％」だと、勉強が大変になってしまい、挫折してしまう可能性があります。

「合格最低点プラス15％」だと、当日に知らない問題が出たり、運が悪くて選択問題を惜しいところで間違えてしまったりしても、合格ラインに届くのです。


同様に、人前で話す準備をするときには、合格最低ラインの115％を本番で発揮できるように準備します。

それ以上だと、準備しすぎです。

自分の本番における成功イメージの、115％を達成できるような仕込みをするのがベストです。

「準備は、やりすぎるくらいに越したことはないのではないか」

と、考える方もいるかもしれません。

ですが、準備のしすぎは逆効果です。

「こんなに準備が大変ならば、本番の機会を減らそう」

と、消極的になるのがオチです。

それよりも、準備は115％にして、本番の数をガンガン増やして場数を踏もうと思ったほうが、しゃべりは上達します。

何よりも、準備のしすぎで、話すことが嫌いになってしまったりすることのほうが怖いです。

そうなると逆効果なので、115％を目指すというのがちょうどいいのです。

また準備しすぎてしまうと、最初のほうの段階で準備したことを忘れてしまい、最後に準備したことを重要視してしまう傾向があります。

準備は、取り掛かった瞬間におこなった準備が、一番大切な準備です。

最初に手に取った資料こそ、もっとも重要な資料であることが多いはずです。

重要度順に準備をおこなっていくわけですから、最初におこなった準備を忘れてしまっては、意味がありません。

そのためにも、「115％の自分を発揮できるように準備をする」というのが、もっとも効率的で、持続するのです。

短い時間のための準備が、一番難しい

115％の準備というのは、「本番で115％を発揮できるようにするための仕込み」という意味です。

では、講演の仕込み時間はどのくらい取ったらいいのでしょうか。

前述した「アナウンサーの仕事は仕込み8割」ということから考えれば、準備をする時間は、本番の4倍が目安です。

1時間半の講演であれば、6時間を仕込みに使います。

ただし、短すぎるスピーチの場合は、準備にもっと時間が必要です。

以前、有名なスピーチコンサルタントが、このように言ったというエピソードがあります。

「1時間半の講演をお願いしたいのですが、講演料はおいくらでしょうか」

「それなら、講演料は30万円です」

これを聞いて高いと感じたセミナー主催者は、こう言いました。

「では、1時間の講演ですと、おいくらになりますでしょうか」

「はい、50万円です」

「値段が上がっているじゃないか！」と感じたセミナー主催者はこう言いました。

「では、30分の講演ですと、おいくらでしょうか」

「はい、１００万円です」

「ならば、10分の講演ですと、おいくらですか？」

「はい、３００万円となっています」

こう言われて、結局1時間半の講演をお願いした、という話があります。

どういうことでしょうか。

じつは、講演会やセミナーは、「1時間半」がとてもやりやすいのです。

1時間半だと、「○○するのに大切な3つのこと」でも「5つのこと」でも、話すことができます。

キーワードが3つあるだけでも、話せるのです。

1時間だと、1時間半の構成からどのように30分話を詰めるべきか、準備をする時間が必要になります。キーワード探しも、1時間半のときよりも大変になります。

30分のセミナー、10分のセミナー、3分のセミナーだと、さらに難易度は高くなってきます。

最小限の言葉で伝えなければいけないですし、その中のどこで笑いを取るべきかなど、綿密《めんみつ》な準備が必要です。

3分のセミナーで、聞いている人を満足させなければいけないとなると、何回もリハーサルをして完璧なものに仕上げないと、「この講師は大したことがない人だな」と思われて、講師のブランド価値が落ちます。

講演の場合は、短い時間の講演がもっとも仕込みを要するのです。

漫才師が3分のネタを考えるときには、一言一句すべてを紙に書き出し、面白いところだけを抽出して、練り上げていきます。

1つのネタを考えるのに、1年かかることもあります。

テレビでも放送されている、漫才の「M―1グランプリ」は、1回戦は「2分」、2～3回戦と敗者復活戦は「3分」、準々決勝・準決勝・決勝は「4分」のネタです。

漫才師の頂点を目指す人たちは、これを1年かけて練り続けるのです。

一方で、1時間の番組に出演するといった場合は、直前に台本を渡されるだけなことが多いので、仕込みの必要がほとんどありません。

話す内容も台本で決められていたりするので、自分たちでネタを考える必要はほとんどなく、負荷が少ないというわけです。

視聴者からすると、1時間の番組を担当するのは大変だなあと感じますが、それよりも「3分のネタをやれ」と言われたほうが、芸人さんにとっては、ずっと労力がかかるのです。

講演も同じです。

講演を依頼する側としては、

「1時間半の講演よりも、3分のスピーチのほうが楽な仕事に違いない」

と思っています。

一方で、講演をする側としては、3分のスピーチほど大変なものはなく、1時間半の講演ほど楽に構成できるものはないと考えているのです。

ちなみに、3時間の講演も、1時間半の講演を2つ組み合わせるだけなので、難易度としては、1時間半の講演と変わりません。

仕込みの時間も、短い講演になればなるほど、多く必要なのが当たり前なのです。

講演では、大キーワード、中キーワード、小キーワードの3つを用意する

講演のときには、キーワードを書いておいて、それを片手に進めるのがベストです。できれば、A4サイズの用紙1枚に収まるように書きましょう。A4サイズ2枚だとなくしてしまう可能性もありますし、1枚のほうがあとで使い回しもしやすいです。

1時間半の講演を依頼されたら1枚、3時間の講演を依頼されたら2枚持っていけばいいということになります。

そのときに必要なのが、大キーワード、中キーワード、小キーワードです。

大キーワードは、「3つ」「5つ」「7つ」のどれかから選びます。

たとえば、「成功するための3つのポイント」「上達するための5つの秘訣」「よりよくするための7つの改善策」というように、キーワードをつくっておくのです。

用意する数字は、3・5・7の3択です。

3・5・7という大キーワードの数が、講演のときには一番いいとされています。

この3つのなかから、どれかを選びましょう。

「2つの」「4つの」「6つの」「8つの」といった偶数よりも、奇数のほうが、聞いている側を「聞きたい！」と思わせることができるからです。

そして、それぞれの大キーワードに対して、中キーワードを用意します。

中キーワードは、1つのキーワードについて5分話すのが目安です。

1時間の講演では中キーワードが12個、1時間半の講演では中キーワードが18個が目安になります。

そして、中キーワードに対して補足するキーワードが、小キーワードです。

これは、なければ書かなくても構いません。

こうしていくと、講演の準備としては次のようになります。

人前で話す際の準備

1 講演のタイトルを決める

2 大キーワードを決める

ex.「3つのポイント」、「5つのコツ」、「7つの秘密」など

3 中キーワードを決める

※大キーワードを掘り下げるもの

4 小キーワードを決める

※中キーワードを補足するもの

前のページの図のように、

① 講演のタイトルを決める

② 大キーワードを決める（3・5・7のどれか）

③ 大キーワードに対しての、中キーワードを決める

④ 中キーワードに対しての、小キーワードを決める

この4ステップが最短ということになります。

例を挙げてみましょう。

たとえば、「自己投資のための3種の神器」という講演タイトルに決めたとします。

まずは大キーワードを決めます。

【大キーワード】

★本

★教材

★セミナー

という「3つ」にするとしましょう。

ここから、それぞれ中キーワードを決めます。

【中キーワード】

★本

☆費用対効果がもっとも高い

☆200冊読めば、その分野の専門家になれる

☆年間1000冊読む

☆1冊1分で読むスキルをマスターしておけばいいだけ

★教材

☆いつでもどこでも、学習できる

☆音声教材と、映像教材の2種類がある

☆いま有名な人よりも、過去の有名な人の教材を買う

☆100人の教材を1万円買うのではなく、好きな人の教材を100万円分買う

★セミナー
☆体験をお金で買う
☆借金してでもセミナーには行く
☆年間150万円の自己投資は最低ライン
☆セミナージプシーになるのではなく、1人の師匠にお金を使う

これが、中キーワードが決まった状態です。
これだけでも講演はできますが、不安な場合は小キーワードもつけておきます。

【小キーワード】

★本
☆費用対効果がもっとも高い
……古本屋では100円。新刊でも1500円程度
☆200冊読めば、その分野の専門家になれる

……1日20冊読めば、10日で専門家に

☆年間1000冊読む

……1日3冊で月間90冊。年間で1000冊を超える

☆1冊1分で読むスキルをマスターしておけばいいだけ

……2日でマスターできる

★教材

☆いつでもどこでも、学習できる

……スマホでも観られる。通勤時間にも勉強可能

☆音声教材と、映像教材の2種類がある

……いつもイヤホンを耳に入れて歩く

☆いま有名な人よりも、過去の有名な人の教材を買う

……過去の教材のほうが、よくできている場合が多い

☆100人の教材を1万円買うのではなく、好きな人の教材を100万円分買う

……違う意見を聞いてもぶれるだけ。1人を掘り下げる

★セミナー

☆体験をお金で買う

……出会いにお金を払う。お金で体験できるなら安い

☆借金してでもセミナーには行く

……1回成功すれば1億円だと考えれば、100万円のセミナーでも安い

☆年間150万円の自己投資は最低ライン

……初年度は300万円がいい。150万円で10年継続できれば成功できる

☆セミナージプシーになるのではなく、1人の師匠にお金を使う

……何を教わるかよりも誰に教わるかが大切。成功の形が同じ人を師匠にする

こうメモをしておけば、本番で困ることはなくなります。

これで1時間の講演であれば、かなり中身が濃い講演になると感じていただけたはずです。

例：それぞれのキーワード

講演タイトル ⇨ 「自己投資のための３種の神器」

1

本 大キーワード

- 費用対効果がもっとも高い 中キーワード
  - …新刊でも1500円程度 小キーワード
- 200冊読めば、その分野の専門家になれる 中キーワード
  - …1日20冊。10日で専門家に 小キーワード

2

教材 大キーワード

- いつでもどこでも学習できる 中キーワード
  - …スマホでもOK。通勤時間も可 小キーワード
- 音声教材と映像教材 中キーワード
  - …いつでもイヤホンを 小キーワード

3

セミナー 大キーワード

- 体験をお金で買う 中キーワード
  - …出会いにお金を払う 小キーワード
- 年間150万円は、自己投資の最低ライン 中キーワード
  - …初年度は300万円がいい 小キーワード

時間調整も、中キーワードを１つ省くだけで5分ずつ時間がカットできますので、本番で焦ることもありません。

この講演の準備メモを見たら、あなたはこの講演を聞きたくなっていただけたのではないでしょうか。講演の準備メモは、Ａ４１枚にまとまるのです。

本番でベストを尽くすのではなく、準備でベストを尽くす

「さあ、本番だ。本番でベストを尽くそう」

というのは、力の入れどころを間違っています。

「これで115％の力を発揮できる」と準備段階でベストを尽くし、本番はリラックスしたほうが、いい結果が出ます。

野球の実況中継は、仕込み8割どころか、仕込み9割の世界です。

アナウンサー時代に、私は高校野球の実況を4年間担当しました。

ラジオ放送があるのは、準々決勝（4試合）、準決勝（2試合）、決勝（1試合）です。決勝は、その放送局で一番上手なアナウンサーが担当するので、私が担当することはありませんでしたが、準々決勝は、入社2年目になると担当することになります。

何が大変かと言うと、準々決勝の対戦表が決まってから準備をしては、間に合わないということです。

もちろん、ブロック表は手渡されているのではありますが、自分が実況する可能性がある16校すべてについて、調べておかなければいけないのです。

当日は、準々決勝の前に敗れた8校分の資料については、確実に捨てなければいけないことになります。

スポーツ新聞に目を通し、1回戦から準々決勝の直前まで、誰が何打数何安打だったのか、防御率はどのくらいなのか、さらには、選手の身長、体重、出身中学も調べておくのは当たり前。

資料集めは、終わりがない世界なので、選手の誕生日、好きな食べ物、親御さんの名前、家族構成、アナウンサーによっては、座右の銘まで事前に本人にインタビューをしておく人もいます。

実況アナウンサーは、仕込みが終わった段階で、9割の仕事を終えています。

実況中に使えなかった資料は、実際に使った量の10倍近くあるのが普通です。

「あの実況アナウンサーは、上手だぞ」と思ったら、10倍の仕込みを陰でしているということなのです。

「人前で話すのが怖い」という方は、準備が足りないというだけです。

実況アナウンサーくらいの準備をしていれば、たいていの場合は、人前に出てもまったく緊張しなくなります。

本番で緊張するということは、仕込みが不十分だということです。

「これだけ仕込みをしたんだから、悔《く》いはないな」と思えたら、人前であがってしまうということはなくなるのです。

自分をよりよく見せようとするのではなく、重要なことから順番に伝えるだけだ

緊張してしまう理由の1つは、自分をよりよく見せようとするからです。

「普段の自分よりも、よく見られたい」と思うと、観察される側になってしまうので、緊張します。

それよりも大切なことは、重要なことから順番に話をしていくということです。

「あなたの持ち時間は20分ですよ」と言われていたとしても、「前の人が長くて、時間が押してしまったので、持ち時間は10分に減らします」と、突然言われるかもしれません。

話している途中に、「あと1分で終えてください」と言われる可能性もあります。

しゃべりの世界は、常に想定外の連続です。

そのときに大切なのが、優先順位の通りに話すということです。

ニュースを生放送中に読んでいるときに、速報が入ることもあります。

優先順位の通りに原稿ができていれば、途中でカットして、速報を差し込むこともできるわけです。

あなたの事前準備は、途中でカットされたとしても成立するでしょうか。

「一番言いたいことは最後に取っておいたんだ」というのは、ダメです。

言いたいことから順番に話し、時間が余ったら、時間調整として優先順位が低かったものを話すというのがベストです。

突然の中断に備えておくことも、準備の1つなのです。

発表する順番は、3人の場合は1番目、4人以上の場合は最後がベストだ

プレゼンなどで、発表する順番は何番目がいいのでしょうか。

これは、3人以下のプレゼンの場合と4人以上のプレゼンの場合で、答えが変わります。

発表者が3人の場合には、最初の順番を引き当てるのがベストです。

最初に自分がいい反応を取ってしまえば、2番目以降に発表する人のペースを乱すこともできます。

「M―1グランプリ」の決勝を3組で争う場合は、もし最初の1組が転校生ネタをしたとして、2組目が用意していたネタも転校生ネタだったら、2組目は果たして転校生ネタをすべきか、迷うことになります。

転校生ネタでいくとすると、1組目がスベっていた場合は、重い空気のまま転校生ネタを引きずることになりますし、1組目が大爆笑だった場合は、1組目と比較されて面白くないと思われる可能性が出てきます。

一方、突然ほかのネタに変えるとしても、相当なプレッシャーがかかった状態で漫才をしなければいけなくなります。

そう考えると、ペースを乱される側になる可能性がなくなるというだけでも、プレゼンの順番は1番目がいいのです。

次にいいのは、最後に発表することです。

2番目の人のプレゼンを見ることで、「こうしたら勝てるかもしれないな」と戦略を練る時間が生まれるからです。

ほかの人の弱点をカバーするようなアイデアをプレゼンすることもできます。

とはいえ、難易度からすると、最初に発表するよりは高いでしょう。

発表者が3人いる場合は、1→3→2の順番を選ぶのがベスト。

発表者が4人以上いる場合は、最後に発表するのがベストなのです。

というのも、4人以上発表者がいると、最初に発表した人は、いいことを言ったとしても、最後まで覚えていてもらえないからです。

集団面接でも、3人の場合は最初に答えた人がインパクトを残しやすいです。

4人以上の集団面接だと、最後の人が答えているときには、すでに最初の人の発言は忘れられている可能性があります。グループディスカッションでも、最初に発言した人は覚えられず、終了間際に発言した人だけが覚えられているものです。

発表者が4人以上になると、最後の発表者が一番インパクトに残ります。

「M―1グランプリ」でも、9組目に敗者復活で上がってきた組がネタをします。そうすると、敗者復活組は印象に残るので、決勝に進出しやすくなるのです。

9人がプレゼンをする場合には、9→8→7→6→5→4→3→2→1の順番で、有利になります。

1番目に発表した人が、最後に選ばれるのは、とても大変です。

発表する順番の必勝法まで事前に知っておけば、準備は万端になっていくのです。

第四章

本番で、緊張しないで話す方法

実際に人前で話すときは、どうすればいいのでしょうか

本番では、開始1分以内に手を挙げさせる

本番で緊張しない方法は、観察される側ではなく、観察する側になることです。

そのために一番簡単な方法は、受講者に手を挙げさせることです。

そこで大切なのは、「9割以上が手を挙げるようなことを聞く」ということです。

たとえば、

「一度きりの人生だから、悔いなく生きたいという方はいらっしゃいますか？」

と聞けば、9割の方は手を挙げます。

手を挙げさせることで、受講者を「傍観者」から「参加者」にすることができます。

「この中で、男性の方は手を挙げてください」

というのは、NGです。

女性の方を置き去りにしてしまうからです。男女半々の会場のときは、半数から「自分には関係ない話だな」と思われてしまいます。

逆に男性9割、女性1割の会場で、「女性の方は手を挙げてください」と言われたら、女性に対して「男性ばかりのところに自分が来てしまって恥ずかしい」という思いをさせることになってしまいます。

あくまで、9割以上の方が手を挙げるような質問をして、手を挙げていただく。

これにより、「この講師の言うことなら聞いてもいいかな」と、最初の段階で、受講者が思うようになるのです。

「YESセット」を正しいことのために使う

セミナー中に3回以上、手を挙げさせたり、立ち上がらせることを、専門用語で

「YESセット」と言います。講師への賛同の意を示すのに、手を挙げる、立ち上がるなどのアクションを取ってもらうことで、「この講師が言うことには従わなければいけない」と思っていただくための手法です。

悪徳セミナーの場合は、「YESセット」を悪用します。

「世の中から戦争がなくなってほしいと思う人は、立ち上がってください！」

当然のように、全員が立ち上がります。

「子どもの笑顔があふれる……そんな未来がいいなと思う人は、立ち上がってください！」

これもまた、全員が立ち上がります。

「お金よりも、大切なのは愛です。愛があふれる世の中がいいと思う方は、立ち上がってください！」

またしても、全員が立ち上がることになります。

「明日から2日間、愛があふれる世の中をつくるセミナーを開催します。賛同していただける方は、立ち上がってください！」

「はい。これだけの方が、愛があふれる世の中にしたいと思っておられます。みなさん、拍手！」

と言って、お互いに拍手をさせます。

その時点で立ち上がっている人に、会場スタッフがセミナーの申込書を配っていくのです。

当然、「セミナー参加費用10万円」などと書かれています。

お金よりも愛が大切だと言われて立ち上がってしまった手前、引き返すことができずに高額セミナーに誘導されてしまうというわけです。

悪徳催眠商法《あくとくさいみん》も、同じ手口です。

50人くらいが集まっている会場で、

「無料でボールペンを差し上げます。先着40名様です。欲しい人は手を挙げてくださ い！」

ほぼ全員が、「ハイ！　ハイ！　ハイ！」と叫びます。

中には、サクラが交じっている可能性もあります。

その後スタッフは、手を挙げた人にボールペンを配っていきます。

「では次はカレンダーです。無料で差し上げます。欲しい人！　先着20名様です！」

「ハイ！　ハイ！　ハイ！」と手を挙げた人に、カレンダーを無料であげます。

「次は高級タオルです。先着10名様です！」

こうなると、もう、みんながこぞって手を挙げ始めます。

そして最後に、

「この高級羽毛布団が欲しい人！　30万円です！　先着5名様ですよ！」

こう言うと、つい「ハイ！　ハイ！　ハイ！」と手を挙げてしまうというわけです。

もちろん、高級羽毛布団というのはウソで、1万円もしないような布団を売りつけているだけです。

そして、高額なものを買わせたあとには、証拠を残さないようにその会場をたたんで、次の会場へと転々と移っていくのが悪徳催眠商法です。

悪徳セミナーや、悪徳催眠商法では、「ＹＥＳセット」を悪いことに使っています。

ですが、あなたが講師になるときには、「ＹＥＳセット」を正しいことに使うと考えてください。

あなたの話を聞いてもらうために、「○○な人は、手を挙げてください」と言うことで、聞いている人の関心を自分に向けることができるのです。

開始5分以内に、寝ている人を指す

あなたが話を始めているのに、寝ている人がいたとします。

そのときに「ああ、自分の話はつまらないんだ。自分がダメなんだ」と思ってしまう人がいます。

いえ、明らかに、寝ている人のほうが悪いのですから、卑下《ひげ》する必要はありません。

寝ている人を見つけたら、

「すみません。そちらの寝ている方、○○についてはどう思われますか？」

と指すのです。

そうすると、ビクッとして、会場中から自分が寝ていることを知られ、寝ていた人は恥をかくことになります。

そう、わざと、寝ている人には恥をかかせるのです。

「そんな、ひどい」と思うかもしれませんが、寝ている人のほうがひどいのです。

あなたのテンションだけではなく、せっかく聞きに来ている大勢の方のテンションも落としたわけですから、そのくらいの報《むく》いは受けていただいて当然です。

寝ている人を指すことで、

「ああ、この講師は指す講師なんだな。寝ていたら、指されるな」

と思うと、「寝ようかな」と思っていた人も、あなたの話を聞くようになります。

寝ている人がいたら、逆に、会場中の人に、話の内容を聞かせることができるチャンスなのです。

時間いっぱいまで話すのではなく、質疑応答の時間を設けたほうが満足度は上がる

1時間半の講演は、時間ぎりぎりまで話すのではありません。

1時間くらいで終えておいて、残りの時間を質疑応答の時間に回します。

30分のクッションを残しておくことで、リラックスして話すことができます。

質疑応答があると、受講者の満足度は上がります。

多くの方は、何かを聞きたいから、講演会やセミナーに来ているわけです。

個人的に知りたいことを質問できる場があると、満足して帰っていただくことができます。

それでいて、自分が事前に準備していくことは、それだけ少なくて済むわけです。

1時間半の場合は質疑応答の時間を取りやすいのですが、1時間の講演のときは質

疑応答の時間がない場合も多いので、あらかじめ主催者の方に「質疑応答の時間は設けるべきか」を聞いたほうがいいでしょう。

1時間の場合は、40分を自分が話し、20分を質疑応答に回す感覚で話しましょう。

1時間フルに話そうと思うと緊張します。

1時間の中で40分話せばいいんだ、話しているときに言いたいことができてしまったとしても、20分の余裕があるから大丈夫だ、と思えば心に余裕を持つことができるのです。

余裕を持つことで、緊張しなくなる

緊張するのは、〝いっぱいいっぱい〟になってしまうことが原因の1つです。

ならば〝いっぱいいっぱい〟ではなく、余裕を持っていれば緊張はしなくなります。

講演であれば、本来持ってきたテーマとは別に、1時間半話せるだけのネタも持っていけば、余裕が生まれます。

「あれ？　この話をしようと思っていたけど、あまり反応がよくないな。こっちのネタのほうがいいのかもしれない」

と、大胆に、内容を差し替えることもできます。

「英語の成績が上がる必勝法を話します」と言って、熱心に聞いていただけたのに、「古文の必勝法を話します」と言ったら、つまらなそうな顔をされるときもあります。

そういうときは、

「あれ？　古文には興味がないですか？　小論文のほうがいいですか？」

と言って、すかさず小論文の必勝法の話に切り替えればいいだけです。

次から次へと、差し替えるネタがあると思えば、余裕が生まれます。

「これしかない」と思っていると、そのネタがスベったときにパニックになります。

英語にも古文にも小論文にも興味がないと言われたら、

「結婚するための必勝法は興味ありますか？　恋愛の必勝法は？」

となると、寝ていた人も急に起き出す可能性が出てきます。

プランBをいかに多く持っておくかが、余裕につながるのです。

「自分に関係あるかどうか？」だけが受講者の関心だ

「受講者は何を考えているんだろう？」

と、受講者の顔色が気になることもあるでしょう。

受講者が考えていることは、ただ1つ。

「自分に関係があるかどうか」だけです。

親の介護をしている人にとっては、「介護の話」は関係がありますが、誰も介護をしていない家庭にとっては、まったく関係がないと思ってしまうテーマです。

「どうしたら結婚できるか？」は独身の方には関心のあるテーマですが、すでに結婚している方にとっては、「どうしたら夫婦円満に過ごせるか？」のほうが関心があるテーマです。

大切なのは、「どんな人が受講者なのか」という事前リサーチです。

「起業志望者が集まっているんです」というのであれば起業の話を、「作家志望者が集まっている」という場合は作家デビューの方法を話したら、それだけで受講者は満足します。

逆に、自分とは関係ないなと思われたら、まったく話を聞いてもらえなくなります。

話をするときは、「あなたに関係ある話ですよ」ということを伝えると思いながら話せば、自然と観察者の立場にもなれて、緊張しなくなるのです。

テーマを絞れば絞るほど、緊張しなくなる

話すテーマは、絞れば絞るほど、あなたが優位に立てて緊張しなくなります。

狭い分野の専門家ほど、ほかの人にはないメソッドを持っているに違いないと思われるので、受講者が真剣に聞きます。

「東大・早稲田・慶應に合格する方法」というテーマだったら、聞きたいでしょうか。

たしかに、その3校であればどこかに受かりたいとは思うはずですが、それぞれまったく入試傾向が違うので、話をするのも難しくなります。

このテーマで話せと言われたら、私でも緊張します。

それよりも、「慶應大学に合格する方法」だったら、どうでしょう。

そのほうが、「この講師は慶應大学に合格させるメソッドを持っているんだな」と

思って、尊敬の念が増すはずです。

さらに、「慶應大学商学部に合格する方法」のほうが狭いです。

もっと狭くして、「慶應大学商学部A方式に合格する方法」であれば、講師としてより主導権が握れますので、緊張しなくなります。

テーマが広いと、どんなことを話すべきかと、本番で話しながら迷う可能性も出てくるので緊張します。

テーマを絞っておけば、専門分野に特化した講師だというブランディングもできるので、受講者側よりも精神的に優位に立てます。

話す内容が自然と確定してくるので、本番でも緊張しなくなるのです。

第五章

なぜ、発声練習だけで「人前が苦手」がなくなるのか？

「声の出し方」に、コツはあるのでしょうか

発声練習こそ、究極の話し上手になるメソッドだ

新人アナウンサーは、なぜ3ヵ月という短期間でプロになれるのでしょうか。

それは毎日1時間、発声練習をするからです。

「発声練習だって？　発声練習をすることと、話がうまくなることに、どんな相関関係があるんだ？」

と思った方もいるでしょう。

確かに、一見無関係だと思われても仕方がありません。

ですが、発声練習を毎日することで、声が出るようになります。

声が出るようになれば、堂々とした態度が取れるようになり、話す内容もいいことばかりになってくるのです。

てこの原理で言う「てこ」の部分が、発声練習です。

発声練習を1日30分～1時間するだけで、人前で堂々と話せるようになり、話す内容のクオリティも大幅にアップするのです。

声が大きい人は、人格も堂々とする

声が小さい人は、声が震えたりします。

そうなると、「自信がないんだな」と周りから思われます。

そして、さらに声が小さくなっていき、自信がない人になっていきます。

「僕、引っ込み思案なんです！」

と大声で言っている人がいたら、その人は引っ込み思案ではないはずです。

「私、暗い性格なんです！」

と、大声で叫んでいる人は、おそらく暗い性格ではありません。

そう、声が出るようになるということは、性格が明るく前向きになり、堂々として、自信にあふれた人格を手に入れられるということなのです。

「声が小さい↓自信がない↓引っ込み思案↓暗い性格になる」という悪循環に陥っている方がほとんどです。

「声が大きい↓自信満々↓人前に出るのが好き↓明るい性格になる」という、いい循環に自分を持っていくのです。

アメリカ人が堂々としているのは、英語を話しているから

複数の言語を話す方は、言語ごとの人格を持っています。

日本語を話しているときは、自分の意見も言えずおとなしいのに、英語を話した瞬

間に、ボディーランゲージが加わって、声も大きくなり堂々と自分の意見を言う人もいます。

英語は、大きな声を出すことによって相手に伝える言語なので、英語を話しているときは、オープンマインドな性格になっているというわけです。

中国語は、いつもケンカをしているように聞こえますし、フランス語であれば、いつもマイルドに「ボンジュール」と言っているイメージがあります。

シンガポールで話されている英語「シングリッシュ」は、全員が早口で話すので、急いでいるような印象を受けます。

あなたも、発声練習をして大きな声が出るようになれば、自然と堂々として、人前が苦手ではなくなります。

声を出すことで、すべてを好転させていくのが、新人アナウンサーが入社してから3ヵ月の間にしていることなのです。

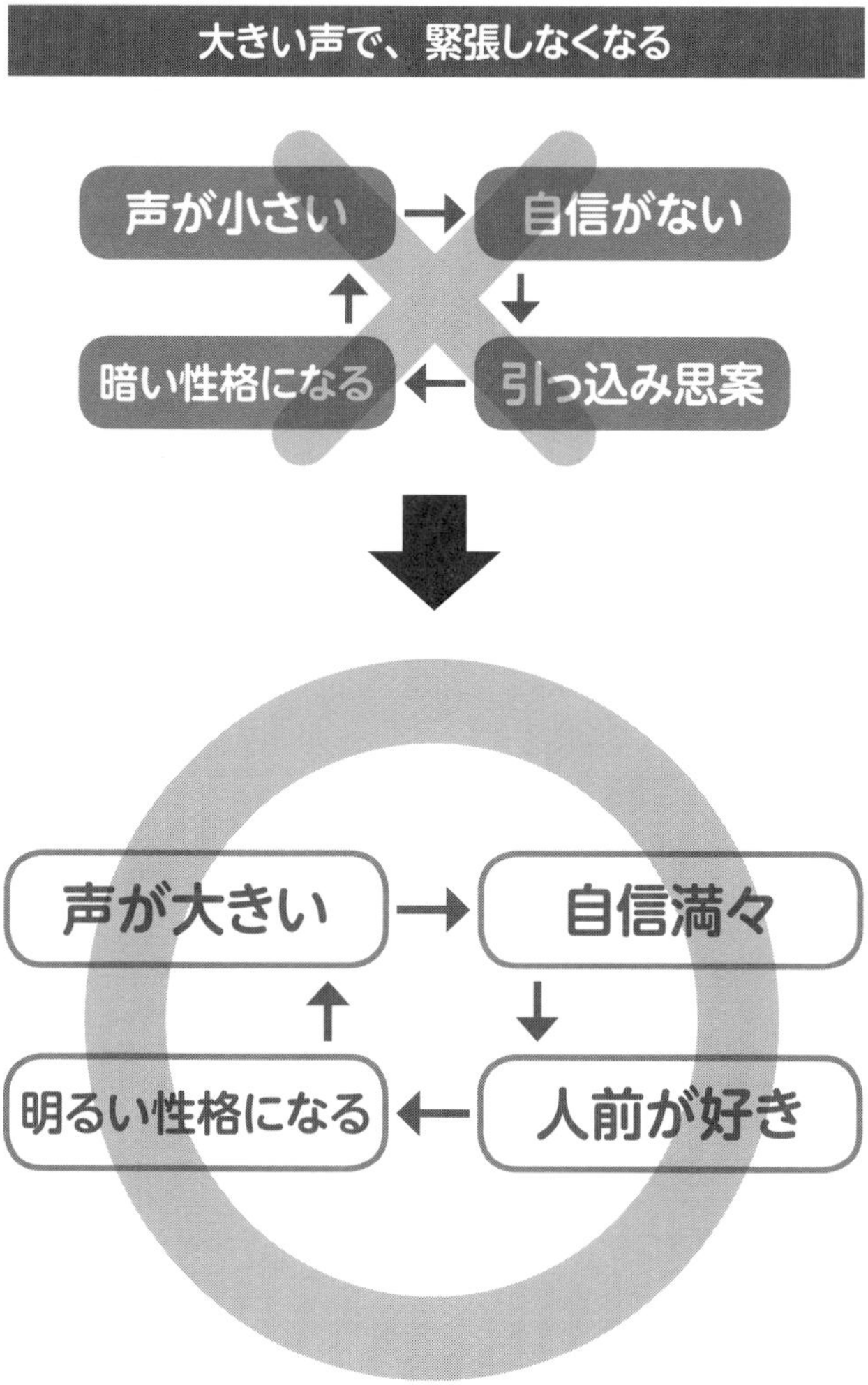
大きい声で、緊張しなくなる
声が小さい
自信がない
引っ込み思案
暗い性格になる
声が大きい
自信満々
人前が好き
明るい性格になる

何を言うかよりも、誰が言うかだ

「人前で、何を言ったらいいかわからない」

と言う人がいます。

大切なのは、何を言うかではなく、誰が言うかです。

「大学受験をして、普通に就職して、結婚して子どもが2人います」

という人の話と、

「裸一貫でブラジルに行って、アマゾン川流域で10年間生活していました」

という人の話では、どちらが聞きたいでしょうか。

もちろん、後者のはずです。

「いまは貧乏ですけど、お金持ちになりたいんです。〝お金持ちになりたいセミナー〟

をやります」

という人と、

「去年までは無一文でしたが、1年で億万長者になりました。〝1年で億万長者になれるセミナー〟をやります」

という人では、どちらの人の話が聞きたいでしょうか。

これも、後者のはずです。

ということは、**何を言うかよりも、誰が言うかに、人は関心がある**ということです。

たとえ、たどたどしい話し方だったとしても、「アマゾン川流域で10年暮らしていたんだから、仕方がないよな。それでも話が聞きたい」と思ってもらえます。

「話は下手ですが、1年で億万長者になった話をします」と言われれば、それでも聞きたいと思えるはずです。

「しゃべりはお笑い芸人並みに面白いが、成功していない人の話」か、「しゃべりの技術は低いが、1年で億万長者になった人の話」であれば、人は後者のほうが聞きたいと思います。

人前に立つ前に、「この人の話ならば、聞いてみたい」と思われる人になることのほうが大切です。聞いている人の目が輝いている状態ならば、何を話しても緊張しなくなるのです。

ネイティブアメリカンも、大声で叫ぶから明るい性格になる

ネイティブアメリカンは、大勢でキャンプファイヤーを囲んで、「アワワワワ」と大声で叫びます。

大声を出す利点は、「自我が飛ぶ」ということです。

つまり、自分の殻《から》に閉じこもらないことで、ネガティブなことが考えられなくなるということです。

発声練習をすることで、大きな声が出るようになります。

大きな声で人前で話すと、明るい性格の状態で話すことになります。

そのおかげで、ネガティブなことは話さなくなり、毎日を楽しく生きることができるのです。

とはいえ、あなたが家でいきなり「アワワワワ」と大声で叫び出したら、家族から怪《あや》しまれます。

それよりも、きちんとした日本語の発声練習をすることがオススメです。

新人アナウンサーがおこなう発声練習を知ることで、あなたも人生を変えることができるのです。

その具体的な方法については、次の章でお伝えしていきます。

第六章

「人前が得意」になる発声トレーニング法

では具体的にどのように
練習すればいいのでしょうか

発声の基本は、「長音《ちょうおん》」と「スタッカート」だ

アナウンサーの発声練習の基本は2つあります。

1つが「長音」で、もう1つが「スタッカート」です。

初めて聞いたという方もいるかもしれませんが、アナウンス技術の基本中の基本なので、ぜひこの機会に名前だけでも覚えてください。

新人アナウンサーのときにも、この2つのトレーニングはおこないますが、入社5年目でも10年目でも、このトレーニングは欠かさずおこないます。

それほど重要なアナウンス技術が、「長音」と「スタッカート」なのです。

この2つのトレーニングを習慣とすれば、人前でも堂々と話すことが可能になるのです。

「長音」で、「アー」と20秒言えるようになる

「長音」は、長い音と書きます。

何が長いのかというと、息を続けるのが長いということです。

「アー」と声を前に飛ばして、20秒間保《たも》たせることができたら成功です。

なぜ20秒なのかというと、ニュース原稿には、必ず20秒に1回は息継ぎがあるからです。いかに20秒を、同じ音の大きさ、強さ、〝くっきり感〟で発音することができるかが、アナウンサーとしては大切です。

「アー」と声を出して、最初の5秒は強い音でも、最後のほうがかすれてしまうくらい弱くなったらダメですし、10秒しか保てなくてもダメです。

この20秒のクオリティを上げていく訓練をすることが、毎日アナウンサーがしてい

ることです。

20秒しっかりした音を継続して出せるようになれば、話すときも堂々と話すことができます。か細い声ではなく、太く、たくましい声が出せるようになることで、自信がついてくるというわけです。

「あのアナウンサーはいい声をしているなあ」と感じたら、そのアナウンサーは長音のトレーニングを毎日したことで、いい声を獲得していったということです。

あなたも、長音のトレーニングを毎日するだけで、後天的にいい声を獲得することができるのです。

「スタッカート」は、キレが命

スタッカートというのは、「あ・え・い・う・え・お・あ・お」と、あ行から順番に、大きな声で発声していく練習のことです。

「あ」は、わかりやすく言えば、「あっ」です。

1文字1文字、おなかを凹《へこ》ませながら、キレを出していきます。

大切なのは、キレです。

声を大きく出すことは当然なのですが、いかにキレがいい「あ」を出せるか。

いかにキレがいい「い」を出せるかというのが、重要なのです。

声のキレのことを、専門用語で「アーティキュレーション」と言います。

長音で20秒間同じ音量で声を出せるようになり、「アーティキュレーション」ができると、いい声をつくることができるというわけです。

長音とスタッカートの両輪で、いい声をつくっていくのがアナウンサーです。

毎日やればやるほど少しずつ上達し、5年、10年すれば、誰でも素晴らしい声が手に入ります。

60歳の声優さん、70歳の声優さんでも、声が年を取らない方は、長音とスタッカートによって声のクオリティを保ち続けているのです。

スタッカートは、「がぎぐげご」などの濁点も全部一気にやる

スタッカートは、「あえいうえおあお」から始まって、「がげぎぐげごがご」といった濁音、「ぱぺぴぷぺぽぱぽ」の半濁音で最後は終わります。

では、早速やってみましょう。

あ　え　い　う　え　お　あ　お
か　け　き　く　け　こ　か　こ
さ　せ　し　す　せ　そ　さ　そ
た　て　ち　つ　て　と　た　と
な　ね　に　ぬ　ね　の　な　の

はへひふへほはほ
まめみむめもまも
やえいゆえよやよ
られりるれろらろ
わえいうえをわを
がげぎぐげごがご
ざぜじずぜぞざぞ
だでぢづでどだど
ばべびぶべぼばぼ
ぱぺぴぷぺぽぱぽ

これを1文字ずつ大きな声で、キレよく発音することで、素晴らしい声が手に入るのです。

「外郎《ういろう》売《う》り」の暗記が、究極中の究極メソッド

ＴＢＳ系列の新人アナウンサー研修の最初の１ヵ月の仕事は、歌舞伎十八番の１つである「外郎売り」のセリフの暗記をすることです。

声優もアナウンサーも、外郎売りのセリフを暗記している方は多いです。

なぜ、紙を見ながらではダメなのか？　暗記なのか？　というと、暗記をすることで、潜在意識に落とし込み、寝ている間も無意識下で発声練習をしている状態をつくり出せるようにするためです。

寝ているときも発声練習をしている状態ができれば、最強です。

外郎売りのセリフのアクセントや読み方については、人によってさまざまです。

アナウンス部長によっても違いますし、声優業界でも「一粒」を「ひとつぶ」と読

む流派と「いちりゅう」と読む流派があるようです。

ユーチューブなどで「外郎売り」と検索すると、いろいろと出てきますので、自分にしっくりくるものを探してみてください。

特典としてこの本の最後に、私が外郎売りを発声した音声動画も、あなたのために無料でご用意いたしました。

私以外の人で、しっくりくるアクセントの方がいたら、その方のものを参考にしていただいても構いませんので、ぜひ、外郎売りの暗記には挑戦してみてください。

次のページから、外郎売りの全文を掲載しますので、ぜひチャレンジしてみてください。

―「外郎売り」―

拙者親方《せっしゃおやかた》と申すは、お立合《たちあ》いの中《うち》に、御存《ごぞん》じのお方もござりましょうが、お江戸《えど》を発《た》って二十里上方《にじゅうりかみがた》、相州《そうしゅう》小田原一色町《おだわらいっしきまち》をお過ぎなされて、青物町《あおものちょう》を登《のぼ》りへおいでなさるれば欄干橋虎屋籐衛門《らんかんばしとらやとうえもん》、只今《ただいま》は剃髪《ていはつ》致して、円斉《えんさい》となのりまする。

元朝《がんちょう》より大晦日《おおつごもり》まで、お手に入れまする此《こ》の薬は、昔《むかし》ちんの国の唐人《とうじん》、外郎という人、わが朝《ちょう》へ来《きた》り、帝《みかど》へ参内《さんだい》の折《おり》からこの薬を深く籠《こ》め置《お》き、用《もち》ゆる時は一粒《いちりゅう》ずつ、冠《かんむり》のすき間より取り出《いだ》す。

依《よ》ってその名を帝より、とうちんこうと賜《たまわ》る。

即《すなわ》ち文字《もんじ》には、「頂き、透《す》く、香《にお》い」とかいて「とうちんこう」と申す。

只今はこの薬、殊《こと》の外世上《ほかせじょう》に弘《ひろ》まり、方々《ほうぼう》に似看板《にせかんばん》を出し、イヤ、小田原の、灰俵《はいだわら》の、さん俵の、炭俵《すみだわら》のと色々に申せども、平仮名《ひらがな》をもって「ういろう」と記《しる》せしは親方円斉ばかり。

もしやお立合いの中に、熱海《あたみ》か塔《とう》の沢《さわ》へ湯治《とうじ》にお出でなさるるか、又《また》は伊勢《いせ》御参宮《ごさんぐう》の折からは、必ず門違《かどちが》いなされまするな。

お登りならば右の方《かた》、お下《くだ》りなれば左側、八方《はっぽう》が八つ棟《むね》、表が三つ棟玉堂造《ぎょくどうづく》り、破《は》風《ふ》には菊に桐のとうの御紋《ごもん》を御赦免《ごしゃめん》あって、系図《けいず》正しき薬でござる。

イヤ最前《さいぜん》より家名《かめい》の自慢ばかり申しても、ご存じない方には、正身《しょうしん》の胡椒《こしょう》の丸呑《まるのみ》、白《しら》河夜船《かわよふね》。

さらば一粒食べかけて、その気味合《きみあい》をお目にかけましょう。

先ずこの薬をかように一粒舌の上にのせまして、腹内《ふくない》へ納《おさ》めまするると、イヤどうも云《い》えぬは胃心肺肝《いしんはいかん》がすこやかになりて、薫風咽《くんぷうのんど》より来り、口中《こうちゅう》微涼《びりょう》を生ずるが如《ごと》し。

魚鳥《ぎょちょう》、茸《きのこ》、麺類《めんるい》の食合《くいあわ》せ、其の他《ほか》、万病《まんびょう》速効《そっこう》ある事《こと》神の如し。

さて、この薬、第一の奇妙《きみょう》には、舌のまわることが、銭《ぜに》ゴマがはだしで逃げる。

ひょっと舌《した》がまわり出すと、矢《や》も盾《たて》もたまらぬじゃ。

そりゃそりゃ、そらそりゃ、まわってきたわ、まわってくるわ。

アワヤ咽《のど》、さたらな舌に、カ牙《げ》サ歯音《しおん》、ハマの二つは唇《くちびる》の軽重《けいちょう》、開合さわやかに、あかさたなはまやらわ、おこそとのほもよろを、一つへぎへぎに、へぎほしはじかみ、盆まめ、盆米《ぼんごめ》、盆ごぼう、摘蓼《つみたで》、摘豆《つみまめ》、つみ山椒《さんしょう》、書写山《しょしゃざん》の社僧正《しゃそうじょう》。粉米《こごめ》のなまがみ、粉米のなまがみ、こん粉米の子生《こなま》がみ、繻子《しゅす》ひじゅす、繻子繻珍《しゅちん》、親も嘉兵衛《かへい》、子も嘉兵衛、親かへい子かへい、子かへい親かへい、ふる栗《くり》の木の古切《ふるきり》口《くち》。

雨合羽《あまがっぱ》か、番合羽《ばんがっぱ》か、貴様《きさま》のきゃはんも皮脚絆《かわぎゃはん》、我等《われら》がきゃはんも皮脚絆。しっかわ袴《はかま》のしっぽころびを、三針《みはり》はりながにちょと縫《ぬ》うて、ぬうてちょとぶんだせ、かわら撫子《なでしこ》、野石竹《のせきちく》。のら如来《にょらい》、のら如来、三のら如来に六のら如来一寸《ちょっと》先のお小仏《こぼとけ》におけつまずきゃるな、細溝《ほそどぶ》にどじょにょろり。京のなま鱈《だら》奈良なま学鰹《がつお》、ちょと四、五貫目《かんめ》、お茶立《た》ちょ、茶立《だ》ちょ、ちゃっと立ちょ茶立ちょ、青竹茶筅《あおだけちゃせん》でお茶ちゃっと立《た》ちゃ。来るわ来るわ何が来る、高野《こうや》の山のおこけら小僧《こぞう》。狸《たぬき》百匹、箸百膳《はしひゃくぜん》、天目《てんもく》百杯、棒《ぼう》八百本。

武具《ぶぐ》馬具《ばぐ》、ぶぐ、ばぐ、三ぶぐばぐ、合せて、武具、馬具、六ぶぐばぐ。

菊栗《きく》、きく、くり、三きくくり、合せて、菊、栗、六きくくり。

麦、ごみ、むぎ、ごみ、三むぎごみ、合せてむぎ、ごみ、六むぎごみ。

あの長押《なげし》の長薙刀《ながなぎなた》は、誰が長薙刀ぞ。

向《むこ》うの胡麻《ごま》がらは、荏《え》のごまがらか、真《ま》ごまがらか、あれこそほんの真胡麻殻《まごまがら》。

がらぴい、がらぴい風車《かざぐるま》、おきゃがれこぼし、おきゃがれ子法師《こぼし》、ゆんべもこぼして又こぼした。

たあぷぽぽ、たあぷぽぽ、ちりから、ちりから、つったっぽ、たっぽたっぽ一丁《いっちょう》だこ、落ちたら煮《に》て食《く》お、煮ても焼いても食われぬものは五徳《ごとく》、鉄きゅう、かな熊童子《くまどうじ》に、石熊《いしくま》、石持《いしもち》、虎熊《とらくま》、虎きす、中にも、東寺《とうじ》の羅生門《らしょうもん》には、茨木童子《いばらきどうじ》がうで栗五合《ごんごう》つかんでおむしゃる、かの頼光《らいこう》のひざもと去らず。

鮒《ふな》、きんかん、椎茸《しいたけ》、定《さだ》めて後段《ごだん》な、そば切り、そうめん、うどんか、愚鈍《ぐどん》な小新発地《こしんぼち》。

小棚《こだな》の、小下《こした》の、小桶《こおけ》に、こ味噌《みそ》が、こ有るぞ、小杓子《こしゃくし》、こ持って、こすくって、こよこせ、おっと合点《がてん》だ、心得たんぼの川崎《かわさき》、神奈川《かながわ》、程《ほど》ヶ谷《や》、戸塚《とつか》は走っていけば、やいとを擦《す》りむく、三里《さんり》ばかりか、藤沢《ふじさわ》、平塚《ひらつか》、大磯《おおいそ》がしや、小磯《こいそ》の宿《しゅく》を七つ起きして、早天早々《そうてんそうそう》、相州小田原とうちん香《こう》、隠れござらぬ貴賤群衆《きせんぐんしゅ》の花《はな》のお江戸の花ういろう、あれあの花を見てお心をおやわらぎやという。

産子《うぶご》、這子《はうこ》に至るまで、この外郎の御評判《ごひょうばん》、御存じないとは申されまいまいつぶり、角《つの》出せ、棒出せ、ぼうぼうまゆに、臼《うす》、杵《きね》、すりばち、ばちばちぐゎらぐゎらぐゎらと、羽目《はめ》を弛《はず》して今日《こんにち》お出でのいずれも様《さま》に、上《あ》げねばならぬ、売らねばならぬと、息せい引っぱり。

東方《とうほう》世界《せかい》の薬の元〆《もとじめ》、薬師如来《やくしにょらい》も照覧《しょうらん》あれと、ホホ敬《うやま》ってういろうは、いらっしゃりませぬか。

毎日のアナウンストレーニング

実際にアナウンサーは、毎日どんなふうに発声練習をしているのでしょうか。

まず、ラジオブースなど、防音の空間を見つけて、そこで発声練習をします。

最初に、長音を20秒おこないます。

1回だけの場合もあれば、3回くらいおこなう場合もあります。

次に、スタッカートです。

「あえいうえおあお」から、「ぱぺぴぷぺぽぱぽ」までやります。

これは、1回だけです。

その次に、外郎売りのセリフを暗唱するか、それ以外の早口言葉の練習をしたりします。

基本的には、外郎売りのセリフのなかに早口言葉も入っているのですが、それ以外にも苦手な早口言葉があれば、重点的にトレーニングをします。

時間としては、外郎売りがなければ10分、外郎売りがあれば30分かかるのが、毎日の発声練習だと思ってください。

ニュース原稿や、ナレーション原稿の訓練もあれば、1時間かかることになります。

自分だけが苦手な「滑舌ノート」をつくろう

新人アナウンサーが初めてニュースを読むことを「初鳴《はつな》き」と言います。

緊張の一瞬です。

私はなんと、最初に読んだニュースが、「土器《どき》が出土《しゅつど》しました」というニュースだったのです。

「出土しました」は、とても言いにくく、何度も練習しましたが、結局ゆっくり読んでごまかすしかありませんでした。

新人アナウンサー時代から、うまく発音できなかったフレーズを、「滑舌ノート」にしてまとめていました。

最初に記されたのが「出土しました」というフレーズでした。

私は「などの」が、5年間ずっと苦手でした。

とくに、「カナダなどの」「カナダなどでは」は、毎日のようにトレーニングをしていました。

「1人乗りのリュージュで」というのも苦手だったので、何度もトレーニングをした覚えがあります。

早口言葉で苦手だったのは、「あのアイヌの女の縫う布の名は何。あの布は名のない布なの」でした。

苦手なフレーズを重点的に練習することで、人前に出ても失敗しないという自信につながっていったのです。

第七章

シチュエーション別「人前が苦手」への特効薬

こんなシチュエーションでは、どうすればいいでしょうか

「準備していないときに、『プレゼンをして』と上司から頼まれました。どうしたらいいですか？」

「準備が8割」なので、準備さえしていれば、人前でもあがることなく話すことができます。では、準備をしていないときに人前で話せと言われたら、どうしたらいいのでしょうか。

いきなり言われたときの必勝法があります。

① キーワードを3つ用意する

② 3つのキーワードを軸にして、つなげて話す

この2ステップが必勝法です。

アナウンサーの訓練の1つに、「三題噺《さんだいばなし》」というものがあります。

「目の前にあるものを、3つ言ってください」

と、アナウンスの先生があなたに言います。

「はい。カーテン、机、カレンダーが、目に入りました」

「はい。ではカーテン、机、カレンダーの3つのキーワードを入れて、1分間フリートークをしてください」

とお題を出されます。

この訓練が、「三題噺」です。

話す際に順番は関係ありません。机、カレンダー、カーテンの順番でも、カレンダー、カーテン、机の順番にキーワードを入れても自由です。

「小学校のころ、私の『机』には小さな穴が開いていました。画びょうをしまう場所がなくて、机に画びょうをいっぱい刺していたのです。画びょうは、『カレンダー』を壁に取りつけるときに使っていました。そういえば、『カーテン』を留めるときにも、画びょうが必要でした。机に画びょうを刺しておくと、何かと便利だったのです」

こうやって、話をつくっていくのです。

キーワードが3つあると、ストーリーをつくることができます。

この訓練をしておいたおかげで、アナウンサーは準備をしていないときに、突然話せと言われても話せるようになります。

「まずい。突然話さなければいけなくなった。でも、大丈夫だ。3つのキーワードさえ入れれば、なんとかなる。今回の場合は、長野市、展覧会、土日に開催される、という3つのキーワードだけ入れて1分間話そう」

ということになれば、緊張しなくなるのです。

突然、人前で話せと言われたら、キーワードを3つ探す。

そして、その3つだけ言えばいいんだと思って人前に立てば、緊張しなくなります。

これが、「準備をしていないとき」の必勝法なのです。

「結婚式のスピーチをしてくれと言われました。何を話していいか、わかりません」

結婚式のスピーチの場合は、３つのキーワードを使って話すのではありません。

今度は、１つのエピソードについてだけ話します。

新郎か新婦のどちらかの友人として呼ばれている場合は、自分と新郎（もしくは新婦）の間で起きた体験談を、１つだけ選んで話します。

結婚式のスピーチは、短いことが大切です。

スピーチが下手で、だらだらと話してしまう方が大勢いるために、結婚式の進行は延び延びになってしまうのが通例です。

ならばあなたは、時間を「巻く」役、つまり、時間短縮のために短くしゃべる役割にならなくてはいけないのです。

短いスピーチほど、聞いている人からも、司会者からも喜ばれます。

決して、「自分の話は面白いんだ。いっぱい話してやろう」と思わないことです。

主役は新郎新婦なのですから、あなたは名脇役としてのスピーチが求められているというわけです。

列席者が聞きたいのは、「新郎（新婦）はどんな人なの？　どんなエピソードがある人なの？」ということです。

あなただけが知っている、新郎（新婦）との体験談を1つ話せば、それで新郎（新婦）の人となりがわかります。

「一緒に卒業旅行に行くときに、成田空港でパスポートを忘れて、1人だけ出発できなかったのが新郎（新婦）です」

と言えば、「ドジでも憎めないキャラなんだな」と伝えることができます。

「私がパスポートを忘れて1人で家に戻るときに、自分の航空券代をあきらめて、一緒に私の家までついてきてくれたんです」

と言えば、「優しいキャラなんだな」ということが伝わります。

漫画のキャラクターの登場シーンで、「遅刻遅刻！」と言いながら、パンをくわえて家から飛び出していく女の子は、「おっちょこちょいキャラなんだな」と思われます。

「今日もテストは100点満点か。まあ、当然だな」と言いながら登場するキャラクターがいたら、「嫌みな秀才」という設定のはずです。

漫画の世界では登場人物を紹介するときに、登場シーンのエピソードでそのキャラクターを表現します。

「私の名前は田中太郎。中堅商社に勤めるサラリーマン。今日も大忙しだ」

というナレーション形式で紹介したら、つまらない漫画だと思われます。

それよりも、

「おい田中！　プレゼンの書類はまだか！」

「はい！　いまできあがります！」

という忙しいシーンをつくったほうが、中堅商社に勤めるサラリーマンだということが伝わります。

「私の名前は、花子。とってもおてんばなの」

と登場人物が自分の口で言っていたら、つまらない漫画になります。

「オラオラオラ！　回し蹴りじゃー！」

と、登場シーンが、リーゼントの不良学生に回し蹴りをしている花子の場面だったら、「おてんばだな」ということが伝わるわけです。

結婚式のスピーチで求められているのは、このエピソードの部分です。

「新郎はいつもまじめで、仕事をきちんとこなしているんです」

これではダメです。

「新郎は、毎朝8時50分きっかりに会社に来て、机の掃除をしています。この間は、我々の部署の書類をすべて彼が整理整頓してくれたんです」

と言ったほうが、まじめなことは伝わるのです。

エピソードを1つ伝えることで、新郎（新婦）の人物像を伝える。

これが、結婚式のスピーチで求められていることなのです。

「合コンで自己紹介の順番がやってくると緊張します。どうしたらいいですか?」

合コンの自己紹介で、「うまく自分をアピールできない、どうしよう」と悩んでいる人がいます。

こういうときこそ、「観察者の自分」の出番です。

合コンの自己紹介こそ、ほかの人がどんな自己紹介をしているかを観察するチャンスです。「ああ、この人の自己紹介はうまいな」という人がいたら、次はあなたも同じように真似をして試してみればいいのです。

「趣味は野球です」と言って、女性のウケが悪かったら、「趣味が野球というのは、言わないほうが無難だな」ということがわかります。

「特技は占いです」と言って、「キャーッ! 占って!」と女性から言われているのを見たら、「そうか、特技は占いと言えばいいんだな。自分も占いを勉強しておこう」ということになります。

何がウケて、何がウケないのかを観察するチャンスだと思えば、合コンの自己紹介も緊張しなくなります。

あなたと一緒に参加するメンバーを観察する場と思えばいいだけなのです。

お笑い芸人カラテカの入江慎也さんは、数々の合コンに行き、一番ウケる自己紹介を編み出しました。

「今日は、下ネタなしでいきましょう。オッパーイ！」

と言って、ビールジョッキでカンパイをするそうです。

もちろん、彼のキャラクターもあるでしょうが、これが彼にとっては一番ウケる自己紹介だとのことです。

あなたも同じように、自分だけの自己紹介を編み出せば、自己紹介の場が楽しくなります。「見られている側」ではなく、「ほかの人の自己紹介を観察しよう」と観察者の立場になるだけで、緊張からは解放されるのです。

「人前だけではなく、2人きりになると緊張します。上司と2人きり、好きな人と2人きりも、緊張するのですが、どうしたらいいですか？」

大勢の人前ではなく、2人でも緊張する理由は、「相手からよく思われたい」と思うからです。

この「よく思われたい願望」が緊張する原因です。

どうでもいい人、嫌われてもいい人と2人きりでも緊張しません。

父親や母親と2人でも緊張しないのは、「よく思われたい願望」がないからです。

上司によく思われないと会社での立場が悪くなりますので、自分をよく見せなければと思いがちです。

好きな異性と2人きりだと、よく思われたい願望が当然のように湧きあがります。

2人きりの緊張を打破するためには、「自分ベクトル」「相手ベクトル」という考え

方を知ることです。

ベクトルというのは、「方向性」という意味です。

「自分ベクトル」というのは、自分の利益のために考え、自分の利益のために行動することを言います。方向性が、自分の利益に向いているわけです。

「相手ベクトル」というのは、相手の利益のために考え、相手の利益のために行動することを言います。方向性が、相手の利益に向いているわけです。

「面白いことを言って、面白い人だと思われよう」

というのが、「自分ベクトル」の考え方です。

「面白いことを言って、相手を楽しませよう」

というのが、「相手ベクトル」の考え方です。

「自分ベクトル」で考えると、2人きりになったときに、「自分はどう思われているのだろうか？」と、観察される側になるので緊張します。

「相手ベクトル」だと、「相手は何をしたら喜ぶだろう？」と相手を観察する側になるので緊張しなくなります。

それでいて、「この人は自分が喜ぶようなことをしようとしてくれているな」と、結果的に相手からよく思われることが多くなります。

2人きりで緊張する人は、「自分ベクトル」で考えている人です。

「自分ベクトル」を「相手ベクトル」に変えるだけで、相手から好かれ、緊張もしなくなるのです。

おわりに──

「人前が苦手」は、後天的に「人前が得意」に変えられる

アナウンサーは、そもそも「人前が得意」な人がなる職業と思われています。そんな中、元々人前が苦手だった私が、人前に出る職業であるアナウンサーになりました。普通のアナウンサーでは疑問に思わないことも、私からしたら疑問のオンパレードでした。

実況が上手な先輩は、とくに何も考えずに、野球実況をしていました。そこで私は、先輩の野球実況をカセットテープに録音して、何度も聞き直し、研究を重ねました。

①　ピッチャー第一球投げました！　ストライク！

②　ピッチャー第一球投げましたストライク！

③　ピッチャー第一球投げストライク！

これらの実況の違いは、①が時速120キロ、②が時速140キロ、③が時速150キロ以上を投げたときです。聞いているだけでは気づかなくても、文字に起こせば、実況のヒントはあったのです。

サッカー実況では、困ったときには何を言うかも、編み出しました。その答えが、「ボールの奪い合い！」と叫ぶというやり方です。

サッカーはボールの奪い合いのスポーツなのですから、

「中盤でのボールの奪い合いです」

「さあ、ゴール前でのボールの奪い合いだ」

「ライン際でのボールの奪い合い！」

と叫んでいれば、1試合実況できることに気がついたのです。

これを基本形として、バリエーションとなる実況フレーズを書き出しておいて、その都度使っていました。

もっとも大変だったのは、マラソン実況です。動きがあまりないからです。

2人で並走していればまだ動きはありますが、独走状態になったら言うことがなくなります。そのため、ただ走っているだけのシーンで何を言うかというのも、過去10年のビデオをチェックして研究しました。

「今日は風が強いですね」と言ったら、アナウンサーとしてたいしたことがないなと思われます。

「木が大きく左右に揺れています」と言えば、風が強いと言わずに、風が強いということを伝えられます。

こういった困ったときに使えるフレーズをどんどん書き出しておく作業も、私の場合は準備をしていました。

だから、緊張せずに話すことができていたというだけです。

アナウンス部では代々伝わる、伝説のマラソン実況フレーズが存在しました。

それが、「足を交互に出しています！」という実況フレーズです。

マラソンなのですから、当たり前です。

「おい石井、くれぐれも『足を交互に出しています』だけは言うなよ」

と先輩から言われたものです。

アナウンサーの世界は、人前に立って、派手な世界だと思われがちです。

ですが、実際は、仕込み8割、仕込み9割の世界で、地味な調べものばかりというのが、アナウンサーの仕事でした。

プロのしゃべり手も、準備に時間を使うのです。

あなたも、準備に時間を使えば、人前は怖くなくなります。

「人前が苦手」は、生まれつきではありません。

私でさえ、努力で克服することができたのです。

次は、あなたの番です。


この本は、いつもあなたの手元に置いていただけたらと思い、書きました。

突然、「人前に出ろ」と言われたときに、この本を読み返せば、何をやればいいのかを思い出していただけるからです。

読み返すたびに、

「そうか。準備が大切なんだな」

「観察者になればいいんだな」

「発声練習をすればいいんだな」

と思い出し、本番では緊張せずに話すことができるはずです。

この本を読み終えたあなたが、まず最初にすべきことは、「長音」「スタッカート」のトレーニング、「外郎売り」のセリフの暗記をすることです。

新人アナウンサーと同じ過程をたどれば、あなたも「人前が得意」な自分に、必ず生まれ変わることができるのです。

追伸
「外郎売り」を私が発声した音声は、こちらから聞けます。ぜひ一度、お聞きいただけたらうれしいです。
【URL】http://www.kokorocinderella.com/uiirou

石井貴士

著者プロフィール

石井貴士（いしい・たかし）

1973年愛知県名古屋市生まれ。私立海城高校卒。
代々木ゼミナール模試全国1位、Z会慶応大学模試全国1位を獲得し、慶應義塾大学経済学部に合格。1997年信越放送アナウンス部入社。2003年（株）ココロ・シンデレラを起業。日本メンタルヘルス協会で、心理カウンセラー資格を取得。『本当に頭がよくなる 1分間勉強法』（KADOKAWA/中経出版）は57万部を突破し、年間ベストセラー1位を獲得（2009年　ビジネス書日販調べ）。現在、著作は合計で64冊。累計200万部を突破するベストセラー作家になっている。
[石井貴士公式サイト]
http://www.kokorocinderella.com

「人前が苦手」が1分間でなくなる技術

2016年10月1日　第1刷発行

著　者　　石井貴士

発行人　　櫻井秀勲
発行所　　きずな出版
東京都新宿区白銀町1-13　〒162-0816
電話03-3260-0391　振替00160-2-633551
http://www.kizuna-pub.jp/

印刷・製本　モリモト印刷

ISBN978-4-907072-74-2

きずな出版

好評既刊

イヤなことを1分間で忘れる技術

石井貴士

イヤなことをすぐに忘れられない原因……。それは「忘却術」を知らないことにありました。正しい忘却のメカニズムを知れば、たった1分間でイヤなことは忘れられます。本書では、心理学を応用した忘却術の具体的メソッドを多数収録。すぐに忘れて、前を見て歩き出すためのヒントになる一冊。

本体価格 1400 円　※表示価格は税別です

書籍の感想、著者へのメッセージは以下のアドレスにお寄せください
E-mail：39@kizuna-pub.jp

きずな出版
http://www.kizuna-pub.jp